의욕 없던 삶이
다시 두근거리는

하루 10분
글쓰기의 힘

의욕 없던 삶이 다시 두근거리는
하루 10분 글쓰기의 힘

초 판 1쇄 2021년 04월 29일

기   획 김도사
지은이 곽경빈, 권희려, 김경화, 김륜희, 김이슬, 김정탁, 김진호, 김현주, 김효원, 김희정,
       남윤용, 대니리, 박상용, 박소현, 박지영, 엄지언, 연화민서, 이종혁, 이창순, 정미연,
       정병묵, 정세복, 정진우, 최경선, 최용일, 최지오, 태재숙, 한예진, 해인, 황영민
펴낸이 류종렬

펴낸곳 미다스북스
총괄실장 명상완
책임편집 이다경
책임진행 박새연, 김가영, 신은서, 임종익

등록 2001년 3월 21일 제2001-000040호
주소 서울시 마포구 양화로 133 서교타워 711호
전화 02) 322-7802~3
팩스 02) 6007-1845
블로그 http://blog.naver.com/midasbooks
전자주소 midasbooks@hanmail.net
페이스북 https://www.facebook.com/midasbooks425

© 김도사, 미다스북스 2020, *Printed in Korea.*

ISBN 978-89-6637-907-1 03190

값 15,000원

미다스북스는 다음세대에게 필요한 지혜와 교양을 생각합니다.

의욕 없던 삶이
다시 두근거리는

하루 10분
글쓰기의 힘

김도사 기획

곽경빈 권희려 김경화 김륜희 김이슬 김정탁 김진호 김현주 김효원 김희정

남윤용 대니리 박상용 박소현 박지영 엄지언 연화민서 이종혁 이창순 정미연

정병묵 정세복 정진우 최경선 최용일 최지오 태재숙 한예진 해인 황영민

미다스북스

쓰면 이루어진다!

"쓰면 이루어진다!"

이 말을 듣는 순간 펜을 들게 된다. 정말 원하는 것들을 버킷리스트로 적어본 적이 있을 것이다. 하나씩 소망을 적다 보면 이루어진 상황을 자연스럽게 상상하게 되어 기분이 좋아진다.

글을 쓰는 것이 어떤 힘을 가지고 있는 것일까? 정약용의 『유배지에서 보낸 편지』라는 책이 있다. 언제 끝날지 모르는 유배 생활에서 정약용은 아들들에게 자신이 가진 경험과 지식을 전한다. 긴 시간을 저술 활동을 통해 이겨내는 그의 모습을 보면 글쓰기의 힘은 우리가 생각한 것보다 더 큰 힘일 것이다.

글을 쓴다는 것은 내가 가진 경험을 나누는 일이다. 그렇기에 매일 결과가 있는 삶을 산다. 생각이 현실이 되어 글로 보이니, 시각화된 것이다. 매일 나를 드러내고, 결과가 눈에 보이기에 빠르게 자존감이 올라간다.

내가 책을 쓰고 난 후 달라진 점은 드라마틱하다. 친척을 비롯해 온 가족들의 인정을 받고, 가문의 영광이라는 소리를 들었다. 작가가 되니, 강연을 다니고, 독자들에게 나의 저서에 사인을 해주는 일도 있다. 그리고 직접 찾아와 내가 책에 쓴 경험에 공감하며, 나에게 배우고자 하는 사람들이 많아졌다. "성공해서 책을 쓰는 것이 아니라 책을 써야 성공한다"는 말이 사실이었다.

여기 30명 사람들의 글을 쓰고 달라진 삶이 있다. 평범한 주부, 직장인, 취준생들이 각자의 삶에서 겪은 글쓰기의 힘이다. 비슷한 경험을 가지고 있는 사람들의 책이니, 자신의 책이라 생각하고 읽어보길 바란다. 지금 삶이 너무 힘들어서 지쳐 있거나, 꿈이 없어서 방황하는 사람들에게 희망을 줄 수 있는 힌트가 될 것이다. 이렇게 귀중한 책에 함께하게 되어 감사하다.

2021년 4월 김이슬

CONTENTS

곽경빈

약력 : (전)인천공항 근무, (현)방과후지도사, 〈제일일보〉 기사 게재, 라디오 출
연, 동기부여 강사, 유튜브 〈빛나는책엄마tv〉, 〈책아이tv〉 운영

저서 : 『성적 올리는 방과후 수업 200% 활용하는 비법』, 『보물지도 21』(공저)

평범한 아줌마에서
작가 엄마가 되었다

나는 엄마다. 창피하지만 가난한 엄마다. 유년 시절, 이혼해서 혼자 나
를 키워낸 엄마를 창피해하며 자랐기에 내 아이는 부족하지 않게 키우고
싶었다. 이런 욕심에 나는 결혼 이후에도 쉼 없이 일했다. 남편과 맞벌이
하며 육아를 하니, 내 아이가 행복하고 부족하지 않게 자라고 있다고 만
족해왔었다.

하지만 이것은 나 혼자만의 만족이었다. 아이는 늘 먹고 싶은 것, 갖고
싶은 것을 못 가져 불만이 쌓이고 있다고 말했다. '먹고 싶은 것, 갖고 싶
은 것을 모두 손에 쥔다고 행복한 게 아니야~'라는 나의 설명은, 10살 어

린아이에게 통하지 않았다. '친구가 가진 것과 친구가 사 먹는 것을 나는 왜 가질 수 없지? 나는 왜 못 먹지?'를 생각할 수밖에 없다. 내 어린 시절과 똑같이, 내 아이가 자신의 욕구를 채우지 못하는 부족한 일상을 살고 있다는 사실이 내게 엄청난 죄책감과 무력감을 느끼게 했다.

그렇게 피곤한 일상을 살던 2019년, 남편 회사에서 파업이 시작되었다. 한두 달 만에 마칠 것 같았던 파업은 반년을 지나 1년을 향해 가고 있었다. '엎친 데 덮친다'는 말은 이럴 때 사용되는 말이다. 형편은 어려운데, 나까지 실직을 하게 되었다.

2020년 3월 코로나19의 본격적 확산으로 전국 초중고 등교가 금지되며, 나는 방과후 수업을 하는 회사에서 실직하게 되었다. 아이들은 등교 금지로 집에 있게 되었고, 남편과 나까지 모두 네 가족이 매일 작은 집 안에 옹기종기 갇혀 있게 된 것이다.

버는 돈은 없는데 집 담보 대출과 자동차 할부, 각종 공과금과 생활비 등등 써야 할 돈은 줄어들지 않는다. 제일 먼저 아이의 학원을 모두 그만두게 했다. 그리고 우리는 이제 주말에 다니던 여행이나 외출도 못 하고, 가끔 즐겨 먹던 외식도 할 수 없게 됨을 아이에게 설명해주었다. 아이는 이해하지 못했다.

"고기도 못 사 먹고, 토요일에 놀러 못 나가는데, 왜 학원까지 가면 안 돼?"

아무것도 해줄 수 없고, 이제는 조금 모아둔 저축과 보험을 해지하고 그 돈을 꺼내 쓰면서 생활을 유지해야 한다고 아무리 설명을 해줘도 10살 아이가 이해할 수 없는 것이 바로 지금 우리들의 삶이었다.

슬프고 답답하고 우울한 일상의 반복이었다. 예민해지고 가족들은 서로 날카로워졌다. 투정하는 아이에게 화를 내고, 그런 나와 남편은 서로에게 또 상처를 남기는 상황이었다.

그래서 우리는 각자의 시간을 갖기로 했다. 아이들을 데리고 서점을 가거나, 도서관을 다니기 시작했다. 가끔은 아이 둘을 맡기고 단둘이 그렇게 서점과 도서관에서 각자의 책을 읽고, 공부하면서 자신들의 마음을 책으로 다독이고 위로했다.

나는 혹시나 재취업에 도움이 될까 싶어서 '부모교육 상담사 1급' 자격증을 공부해서 취득하고, 마음 공부를 하고 싶어서 '타로 심리 상담사 1급' 자격증을 따기도 했다. 이렇게 공부에 매진해도 내 마음과 우리 현실은 달라지는 것이 하나도 없었다. 여전히 아이들의 투정에 짜증을 내고, 남편의 부탁에 버럭 화내는 와이프였다.

그러던 와중 서점에서 발견한 책 하나로 나의 삶이 변하게 되었다. 『매일 아침 써봤니?』라는 김민식 PD의 책이었다. 나처럼 우여곡절 많은 삶을 살고 있던 김민식PD가 고단한 삶을 글쓰기로 치유하고 개선했다는 이야기였다. 그리고 나는 다음 책에서 평생 인연을 만나게 된다. 『1시간 만에 끝내는 책 쓰기 수업』의 김도사이다.

'김도사? 이름이? 무슨 도사야? 필명인가?' 싶었던 그의 책 속에는 진짜 책 쓰기의 정확한 순서와 방법이 솔직하게 모두 공개되어 있었다. 나는 이 책을 서점에서 몰래 모조리 필사해버렸다. 김도사의 이런 솔직함에 반해버린 나는 이후 김도사의 책을 서점에서 더 찾아 읽었다.

『신용불량자에서 페라리를 타게 된 비결』을 읽어보면 알 수 있다. 김도사의 과거는 누구보다 가난하고 어렵고 굴곡진 삶이었다. 그러나 끝끝내 버텨내 각고의 노력을 하여 성공하게 되었다는 자전적 이야기에 흠뻑 취해 많은 눈물을 흘리며 읽었다.

그래서 나는 다음 책 『100억 부자의 생각의 비밀』이라는 책을 사서 집으로 돌아왔다. 『100억 부자의 생각의 비밀』을 읽으면서, 김도사의 유튜브 채널에 가입하고, 그의 솔직함과 직선적인 가르침에 매료되기 시작했다.

네이버 혹은 지역 도서관에 가서 그의 이름으로 검색을 하면 셀 수 없이 많은 책이 쏟아져 나온다. 나는 수많은 그의 책 속에서 지금보다 나아진 나의 미래를 꿈꿀 수 있게 되었다. 나는 작가가 되기로 마음먹은 것이다!

하지만, 작가가 되기로 마음먹었다고 해서 나 혼자 내일 당장 작가가 될 수 있는 것이 아니다. 작가 회사에 입사해서 되는 것도 아니다. 나는 작가가 되기 위해, 책 쓰기 수업에 들어가기 위해 엄청난 노력을 기울여야 했다. 울산에 거주하고 있었고, 책 쓰기 수업은 분당에서 하고 있었기에 남편 몰래 할 수도 없는 일이었다.

가족과 남편의 희생 없이 불가능한 이 일을 나는 혼신을 다해 남편에게 설명하고 그를 설득하기 위해 고군분투했다. 하늘의 뜻인가? 나의 간절한 기도를 하나님이 들어주신 건가? 평소 잔소리 많고 투덜이 스머프였던 남편이 순순히 나의 소원을 이뤄주겠다고 했다. 매일같이 빚으로 살고, 카드빚으로 연명하는 이런 상황 속에서 내가 작가가 되겠다는 소원을 도와주겠다니? 지금 꿈속에 있는 건가 싶었다. 그렇게 나는 누구보다 간절한 의 소원을 이루기 위한 도전을 시작했다.

책 쓰기 수업은 만만치 않았지만, 김도사님의 수업은 따라갈 만했다.

정말 과학적이고 체계적으로 가르쳐주면서 많은 연습과 실전을 겸한 수업으로 세상에서 가장 빠르고 쉽게 책 쓰기를 가르쳐주었다. 사실 책을 좋아하는 나는 김도사님의 많은 제자가 베스트셀러 작가라는 것을 서점에서 수많은 책을 보아 알고 있었다. 그래서 책 쓰기 과정에 들어오기 위해 더 악착같이 노력했었다.

책 쓰기 수업을 마치고 초고 쓰는 기간 동안 잠자는 시간과 먹는 시간, 모든 시간을 아끼고 책 쓰기에 몰입했다. '수능 공부를 이렇게 했었다면 내가 서울대는 아니라도 연고대는 갔었을 텐데….' 하는 안타까움이 몰려왔다. 드디어 초고가 완성되고 출판사와 계약하여 내 책을 출간하게 되었다. 그동안 내 머릿속에만 살고 있던 나만의 경험과 노하우가 드디어 세상에 나오게 되었다. 책이 나온 순간 나는 아이를 출산한 것과 같이 세상을 다 가진 듯이 기쁘고 행복했다.

게다가 나를 대하는 세상의 모습도 변해버렸다. 나는 누구 엄마 혹은 곽경빈 주임이 아니라, 작가 곽경빈이 되어 '작가 선생님'으로 불리기 시작했다. 나의 책은 온라인과 전국 서점에서 만날 수 있었고, 가족을 비롯해 먼 일가친척들까지 내가 갖게 된 작가라는 새 직업을 존경하며, 꿈을 이룬 나에게 부러움을 표시해주었다. 인터넷으로 나의 책에 대한 서평과 후기 등을 접할 수 있었고, 내가 직접 알지 못한 사람들까지 나에게 먼저 연락을 주면서 내가 작가가 된 것을 축하해주었다.

그중 가장 좋았던 점은 아이가 엄마를 '작가 선생님'으로 소개하면서 나보다 더 자랑스러워하는 것이다. 회사 다니는 엄마, 학교 선생님 엄마, 수많은 친구 엄마들이 있지만, 작가 엄마라고 소개할 때 사람들의 존경과 부러움을 자신이 더 크게 느끼고 감동하기 때문이다.

아이는 내가 책을 쓰고 있을 때부터 엄마가 무엇을 하는지, 왜 하는지, 나중에 어떻게 되는지 계속해서 궁금해하며 묻고 결과를 기다렸다. "엄마 책은 언제 나와?"라는 아이의 재촉이 나의 책 쓰기 과정에 큰 동기부여가 되기도 했다.

『보물지도21』이라는 첫 책이 나오고 나서 엄청난 기쁨을 감출 수 없었지만, 『성적 올리는 방과후 수업 200% 활용하는 비법』을 받아보고 나서는 정말 흥분을 가라앉힐 수 없었다. 남편과 아이가 자랑스러워하고 좋아하는 그 모습은 평생 잊을 수 없는 나의 보람이 되었고 작가가 되길 잘했다는 만족감에 행복했다.

『성적 올리는 방과후 수업 200% 활용하는 비법』이라는 나의 첫 책은 〈제일일보〉 등 신문사에도 실리게 되었고, 나는 UBC 울산방송 〈전선민의 유쾌한 데이트〉라는 라디오 생방송에도 출연 제의를 받게 되었다. 나의 책을 읽고 나를 특강에 초청해서 일면식 없는 사람들에게 나의 인생과 내 책을 통해 변화된 삶에 대해 강연을 했다. 책이 출간되고 작가가 된 이후 나는 모든 세상을 다 가진 듯 행복해졌다. 나는 작가이자 강연가라는 어릴 적 꿈을 이뤄낸 것이다.

코로나19로 인해 온라인 세상의 많은 모임에서 강의 의뢰를 받고 있다. 내 책의 독자들로부터 컨설팅을 받고 싶다는 연락도 받고 있다.

나는 지금 자랑스러운 작가 엄마가 되었고, 사람들에게 동기를 부여해주는 강연가가 되었다. 자존감이 높아진 아이는 엄마를 따라 필사하며 공부하더니 성적이 올랐다. 4학년이 되자 학교에서도 학급 부회장이 되는 등 좋은 일들만 연속으로 생겼다.

나는 '작가가 되길 참 잘했다!'고 만족하고 있다. 나에게, 모든 사람에게 자랑스러운 사람이 되었다. 작가라는 직업을 적극적으로 추천하고 있다. 왜냐하면, 이렇게 행복하고 뿌듯한 직업이 없기 때문이다. 정년 퇴임도 없고, 나를 괴롭히는 동료와 직장 상사도 없으며, 나의 지식과 노력은 언제나 나를 배신한 적이 없기 때문이다.

특히 아이를 가진 부모라면 작가라는 직업을 본캐(본캐릭터)가 아닌 부캐

(부캐릭터)로라도 갖기를 적극적으로 추천한다. 자신의 성취감을 위해서도 좋지만 무엇보다 주변의, 내 가족의 자랑거리가 되는 기회를 놓치지 말라고 권해주고 싶다. 내가 해냈듯이 이 글을 읽고 있는 당신도 할 수 있다!

당신의 인생 2막, 작가에 도전해보길 바란다!

권희려

약력 : 〈권희려부모교육연구소〉 대표, 작가, 수의사, 사업가
저서 : 『결국 나를 위한 자녀교육법』, 『보물지도 21』(공저)

육아 책을 쓰고
육아가 쉬워졌다

　　재야의 숨은 고수와 같은 '명수의사'가 되어 사회적, 경제적으로 성공해 있는 모습, 중고등학교 시절 내가 꿈꿨던 나의 이상적인 모습이었다. 집념이라면 빠지지 않던 나는 문과 출신이라는 약점이 있었음에도(당시에는 문과, 이과 교차지원 허용 제도가 있었다. 이과 과목에 취약했던 나의 전략적 선택이었다.) 재수 기숙학원까지 거친 끝에 그렇게 원하던 수의대에 입학하게 됐다.

　　수의대에는 유급제도가 있다. 한 과목이라도 'F' 학점을 받으면 한 학기도 아닌 1년을 다시 다녀야 한다. 수의대 생활은 나에게 끝이 보이지 않는 '시험'의 압박이라는 선물을 안겨주었다.

재수생 시절, 나는 마음속으로 간절히 기도했다. 이렇게 '토 나오게' 힘든 고3, 재수생 시간이 6년 더 지속되더라도 괜찮으니 수의대에 합격만 시켜달라고. 그 간절한 기도 덕분이었는지 대학 생활 역시 고등학생 시절처럼 힘들고 괴로운 순간이 훨씬 많았던 나였다. 학부 졸업논문을 쓰고, 동시에 '똥줄이 타들어가는' 느낌을 받으며 시간을 쪼개어 국가고시 공부를 하고 발표가 나올 때까지 한시도 마음이 편한 날이 없었다.

수의대에 합격한 날 그리고 수의사 면허증을 받던 날, 그렇게 기쁠 수가 없었다. 이후 어릴 적 내가 원하던 대로 임상 수의사로 일을 하게 되었고 그 속에서도 여러 에피소드가 있었지만, 수년간 그 일의 매력 속에 푹 빠져 있던 나였다.

이렇게 사회적, 직업적으로는 어린 시절부터 마음속에 확고한 그림이 자리를 잡고 있던 터였다. 하지만 스스로에 대해 간과하고 있는 한 가지가 있었으니 바로 '여성으로서 살아가는 삶'에 대한 자각과 성찰이었다. 사회적인 나로 존재하기 이전에 나라는 사람은 이 지구별에 '여자'라는 성별을 가지고 태어난 생명이었다. 그러나 여성으로 태어나 살아간다는 사실에 나는 별다른 자부심을 지니지 않은 채 살아왔던 것 같다. 세상의 기득권은 남자 사람들에게 편중되어 있다고 느끼며 자랐다. 어른이 되면 아빠처럼 돈을 벌어서 하고 싶은 것들을 하면서 자유를 누리며 살고 싶다고 생각했다. 늘 가족들 끼니와 집안일, 자식들 건사하는 일에 매여 자유롭지 못한 삶을 사시는 것 같은 엄마와 할머니처럼 희생적인 삶은 살수 없다고 은연중에 생각했다. '엄마'라는 단어의 무거움을 받아들일 수 없었던 것이다.

'엄마'들이 하는 일은 살아가는 데 반드시 필요한 일이다. 하지만 당장 눈에 보이는 돈, 보수를 받을 수 없는 일이자 죽어야만 끝나는 일이고 존중은커녕 쉽게 무시를 당하는 일로 보이기 일쑤였다. 최소한 어린 나에게는 그렇게 보였었다.

나는 동물의 생명 역시 사람과 마찬가지로 각자에게 있어 오로지 하나뿐이며 경중을 나눌 수 없다고 생각하는 사람이다. 다른 말로 하자면 '차별'이란 말 자체를 싫어하는 사람이다. '남녀차별'과 같은 말이나 성에 대한 고정 관념을 극도로 싫어함에도, 나 자신이 '여자'라는 사실도 결코 좋아하지 않는 역설적인 모순을 가진 채 살아가고 있었다.

이런 나였지만, 평생 친구, 짝으로 지내도 좋을 만한 남자친구가 있었으며 흔히 이야기하는 '결혼 적령기'의 시기에 도래한 나는 결혼을 '선택'하게 된다. 사실 소위 말하는 '여성으로서 살아가는 삶 그 자체'에도 그랬지만 '출산'에 대한 공포심 역시 매우 컸기 때문에 결혼에 대한 고민으로 식은 땀을 흘려가며 머리를 싸매던 기억이 있다.

하지만 정신을 차렸을 때는 이미 내가 두 명의 남자아이들의 엄마가

23

되어 있을 때였다. 아이가 하나일 때는 워킹맘으로 사는 것이 그나마 가능했는데, 아이가 둘이 되고 난 후부터는 삶이 결코 나의 자유의지대로 흘러가지 않는다는 사실을 느꼈다. 엄마가 된 후에도 여전히 사회적, 개인적 성취와 자유를 이루고자 하는 본래의 나, 그리고 그에 팽팽히 맞서는 모성애 사이에서 나는 그만 길을 잃고 만다. 사실 첫째 아이를 낳고 나서도 아이와 함께 잉태되어 있던 나만의 모성애 덕분에 나는 수의사라는 바쁜 직업 대신, 아이와 떨어지지 않고도 할 수 있었던 아버지의 사업체를 물려받아 운영하고 있었다. 그런데 아이가 둘이 되니 수의사에 비해 물리적, 시간적 자유가 있다고 느끼던 그 일마저도 결코 녹록하게 할 수 없는 상태가 되었다. 어린 시절이 심신의 건강에 있어 중요한 토대가 됨을 잘 알기에 '잠시 쉬어가자, 아이들이나 잘 키우자.' 하고, 머리로 생각했지만, 가슴으로는 잘 받아들여지지 않았다.

둘째가 돌이 되어갈 무렵이었다. 안 그래도 마음이 답답했는데 여러 힘든 일마저 동시에 몰려들기 시작했고 큰 방황기가 시작되었다. 아이들이 없었다면 진작에 바닥이 드러났을 인내심이었다. 하지만 '엄마'인 나를 생명의 동아줄처럼 여기고 있는 두 어린 자녀들을 볼 때마다 어떻게든 살아내고 내 삶의 돌파구, 희망 또한 다시 찾아야겠다고 생각했다.

그때였다. 유튜브를 통해 〈한국책쓰기1인창업코칭협회〉의 김도사님을 알게 된 행운을 마주하게 된 것은! 투박하고 어디인가 모르게 조금은 어눌한 말투였지만, 그의 이야기 속에는 갑갑한 나의 가슴을 뻥 뚫어주는 진심이 담긴 희망의 메시지가 담겨 있었다. 그는 누가 들어도 눈물이 날 만큼 힘들고 아픈 과거의 기억들을 가지고 있었다. 그럼에도 현재는 150억대 부자로, 1,000여 명의 작가를 배출한 최고의 책 쓰기 코치로 범상치 않은 활동을 하는 분이었다. 답답해서 잠이 오지 않을 때마다 그의 이야기를 듣고 또 들었다.

"성공해서 책을 쓰는 것이 아니라 책을 써야 성공한다."

그의 궁극적 조언이었으나 당시에는 귀에 잘 들어오지 않았다. '일기를 쓴 지도 10년이 넘었는데 책 쓰기는 무슨! 작가는 아무나 하나?'라고 생각할 뿐이었다. 머리로 납득은 갔지만 실행하기에는 엄두가 나지 않았다. 하지만 '정말 대단한 분임에 틀림이 없다.'라는 직감과 동시에 김도사님을 직접 한 번 뵙고 싶다는 생각이 들어 '책 쓰기 1일 특강' 수업을 신청하여 듣게 됐다. 아직도 〈한책협〉 센터에 처음 들어선 순간의 당황스러웠던 기억이 생생히 기억난다. 책상에 '권희려 작가'라고 적힌 이름표가 떡하니 있었기 때문이다. 속으로 정말 '헉!' 하고 놀라는 동시에 부담스러운 감정이 스멀스멀 올라왔다. 하지만 몇 시간 후 나는 결국 책 쓰기 과정에 등록을 한 채 센터를 나서게 된다.

김도사님의 열정과 자신감 넘치는 모습에 탄복한 것은 물론, 바로 얼마 전 책을 쓰고 출판 계약까지 하고 온 선배 작가님들이 뿜어내는 환희의 아우라에 전도되고 말았기 때문이었다. 주로 50, 60대 나이이셨던 선배 작가님들의 표정은 바깥에서 흔히 보이는 무표정하고 즐거운 감정이 전혀 없어 보이는 대부분의 중년분들 모습과는 확연히 달랐다. 나 역시도 그 밝고 희망찬 에너지 안에 머물고 싶다는 생각이 강하게 들었던 것 같다.

김도사님의 확신과 정성이 담긴 지도하에 몇 달 후 나는 정말로 책 출판 계약을 하게 되었고 '권희려 작가님'이 된다. 주변에서는 난리가 났다. 어린아이 둘을 키우고 일도 하면서 어떻게 책을 썼냐며 입을 다물지 못했다. 많은 분이 관심을 가져주셨고 심지어는 출간과 동시에 네이버, 예스24 온라인 서점 육아 코너 '베스트셀러'로 등극을 하기도 했다.

김도사님의 책 쓰기 수업을 통해 배운 대로 실행을 했을 뿐인데 몇 개월 만에 평범한 엄마에서 베스트셀러 작가가 된다. 출간 하루 만에 수만 명의 팬을 보유한 육아 인플루언서의 '육아 고수 되기' 추천도서에 오은영 박사님의 신간, 엄지언 작가님의 육아서와 함께 나의 책『결국 나를 위한 자녀교육법』이 소개되기도 했고, 출간 100일이 지난 시점에도 알라딘 온라인 서점의 '좋은 부모 – 자연주의 출산 분야'에서 수일간 판매 1위를 기록하기도 했다.

책을 쓰는 작가가 되면서 나는 무수히 많은 즐거움을 누리는 사람이 되었다. 설레고 기쁘고 감사한 일이 매일 일어나기 시작했다.

나의 책 『결국 나를 위한 자녀교육법』은 사람을 몸과 마음뿐만이 아닌, 영적인 존재로 이해하고 있는 발도르프 교육철학, 그리고 아직은 소수의 산모만이 선택하는 출산 방식인 자연주의 출산에 대한 나의 경험과 소개를 담고 있다. 수많은 고민과 막연한 두려움을 가지고 있을 예비, 초보 부모님들이 용기와 편안함, 자기 확신을 가지고 더 편안하고 행복한 육아를 할 수 있도록 독려하는 내용을 담고 있다.

작가가 되는 과정을 통해 내가 얻은 이점들은 수도 없이 많다. 나의 삶은 책 쓰기 전과 후로 나눌 수 있다고 이야기할 수 있을 정도이니 말이다. 책 쓰기를 하지 않았더라면 아마 나 자신이 나비인 줄 모르고 번데기 상태로 생을 마감하게 되지 않았을까 하는 생각마저 든다. 한 사람의 생각이나 습성을 변화시키는 일은 보통 어려운 일이 아니다. 거의 기적과 같은 결과를 일상의 흔한 일처럼 만들어내는 김도사, 권마담님 두 분께 감사와 존경, 경의를 표한다. 김도사님의 '전국민 책 쓰기' 미션과 사명에 크게 동감하는 바가 있어, 경험자로서 생생하게 느낀 책 쓰기 과정의 이점을 하나하나 적어보며 글을 마치려 한다.

1. 자존감이 향상된다. 자존감은 부모가 아이들에게 물려줄 수 있는 최고의 자산이다.

2. 메타인지력이 상승한다. 스스로에 대한 자각은 건강한 삶의 토대가 된다.

3. 타인을 향한 공감력이 향상된다. 스트레스 지수가 확 낮아진다.

4. 생각이 긍정적으로 바뀐다.

5. 세상에 선한 영향력을 끼치고 희망을 주는 동기부여가가 된다.

6. 책을 완성해나가는 과정 하나하나에서 성취감을 느끼게 되고 자신감이 쌓인다.

7. 부모님께 효도하는 일이다.

8. 배우자와 사이가 더욱 돈독해진다.

9. 아이들에게 모범이 되는 부모가 된다.

10. 진정으로 행복해진다. 엄마가 행복해하면 아이들은 더욱더 행복해한다.

11. 주변에 나와 비슷한 마인드를 가진 좋은 사람들이 모인다.

12. 모든 성공의 토대가 되는 자기사랑, 자기확신, 자존감의 발판이 된다.

13. 세상을 보는 시야가 달라진다.

14. 수입 파이프라인의 개수가 늘어난다. 경제적 자유를 이루는 초석이 된다.

15. 책을 쓰는 자체로 주변 사람들에게 신선한 자극이 된다.

16. 진정한 공부법을 깨닫게 된다.

17. 수동적인 삶에서 벗어나 능동적이고 희망적인 삶을 살게 된다.

18. 자신만의 진짜 꿈을 찾게 된다.

19. 평범한 사람에서 특별한 사람으로 삶이 드라마틱하게 변한다.

20. 인생의 모든 문제와 해답은 자기 안에 있다는 사실을 깨닫게 된다.

김경화

약력 : 〈한책협〉 김태광 코치의 목숨 건 코칭과 의식 수준을 높인 덕분에 책
　　　한 권 읽지 않던 저자가 짧은 기간에 한 권의 개인 저서와 두 권의 공
　　　저를 쓸 수 있었다.

저서 : 『새벽 독서의 힘』, 『나의 삶을 바꾼 필사 독서법』(공저)

책 쓰기는
내 인생의 최고로 잘한 선택이다

2020년 5월 말, 나는 가난한 삶에 보탬이 되기 위해 나름대로 멋진 '프로젝트'를 하고 있었다. 그것은 어떤 외국인 장교의 전리품인 금궤를 맡아주고 수수료를 받아서 우리의 가난한 삶에서 벗어나려고 했었던 일이었다. 그러나 그것은 사기였다. 가난한 삶이 더 가난해지도록 상황을 만들어놓았다.

그 당시 나는 숨쉬는 것 자체가 고역이었다. 날마다 죽기를 원했고 또 죽을 방법을 찾았다. 운전하다가 차에 치여 죽든지, 아니면 수면제를 과다 복용하든지, 농약을 먹든지, 집에서 뛰어내리든지. 그러나 실제는 그런 행동을 하지 못했다. 일찍이 18살의 아들을 잃은 부모님이 또다시 자식의 시신을 보게 할 수는 없었다. 나는 남동생의 죽음으로 인해 모든 것이 나의 잘못이라고 생각하면서 '나'를 20세 때부터 죽여왔다. 뭐든지 잘하는 남동생이 살고 뭐든지 못하는 내가 죽었어야 마땅하다고 생각해왔다.

그러나 운명은 야속하게 내가 아닌 남동생을 데려갔다. 엄마와 아버지는 나에게 '동생 대신 내가 죽어야 한다'는 말을 남겼었다. 물론 지금 부모님은 그 말을 기억하지 못할 것이다. 그러나 나는 그때부터 나 자신을 죽여갔다. 꿈도 희망도 없이 삶 자체를 포기했다. 꿈도 생각도 마음도 아무것도 없이 날마다 죽여갔다. 결국, 나의 세상은 온통 회색뿐이었다. 아름다운 것과 생기라고는 전혀 찾아볼 수 없었다.

그 시기 나는 우연히 한 유튜브를 보게 되었다. 유튜브 운영자는 책 쓰기에 관한 강의를 하면서 "나는 목숨 걸고 코칭한다."라고 외치고 있었다. 나는 이 말을 믿어보기로 했다. 내 삶을 바꿀 수 있을 것 같았다. 한번은 성공해보고 싶었다. 어차피 죽지 못해 사는 것이라면 나는 마지막으로, 한 번 더 내 인생에 희망을 걸어보기로 했다. 나는 삶에 대한 혁명을 간절히 바랐던 것이다. 나는 살기 위해 의식 특강인 '미라클 사이언스'에 참석하기로 결단했다.

의욕 없던 삶이 다시 두근거리는 하루 10분 글쓰기의 힘

특강에 참석한 나는 나의 모든 삶은 내가 만들어놓았다는 것을 깨달았다. 나의 그 당시 의식으로는 죽었다 깨어난다 해도 성공이란 것을 맛볼 수 없음을 심각하게 느꼈다. 나는 내 의식을 뒤집기로 결단했다. 나는 숨을 쉬고 싶었다. 한 번만이라도 성취하는 삶을 살고 싶었다. 아무것도 없는 가난한 삶에 책 쓰기까지 배우면 더 어려워질 수 있음을 알면서도 마지막으로 나 자신에게 기회를 주기로 하고 책 쓰기를 배워야겠다고 결단을 했다.

이후 책 쓰기 특강에 참여했고 '목숨 걸고 코칭하는' 가르침을 받을 수 있었다. 책 쓰기 과정 수료 후 3주 만에 A4 115장의 원고를 쓰고 2020년 11월 9일, 『새벽 독서의 힘』이라는 책을 출판사와 계약했다.

나는 책을 쓰는 과정에 꿈이란 것을 가지게 되었다. 미래도 생각하고 계획하게 되었다. 꿈과 희망이 생기자 나는 살아서 숨을 쉴 수가 있었다. 세상을 보는 눈이 바뀌기 시작했다. 그토록 암울하던 세상에 온통 관심이 생기고 어디를 가도 아름다운 것들이 보이기 시작했다. 삶에 있어서 점점 컬러가 눈에 띄게 보였다. 빨간색도 초록색도 파란색도 노란색도 여러 가지 색들이 눈에 보이기 시작했고 길가의 작은 풀꽃도 보이기 시작했다. 하늘에 새가 나는 것도 보였고 수많은 사람도 보이기 시작했다.

책을 쓰면서 작가로서 독서하는 습관을 배웠고 독서를 넘어 필사하는 습관을 배웠으며 나의 의식을 높이기 위해 아등바등 애를 썼다. 배운 것을 바탕으로 나는 새벽마다 필사하고 날마다 책 쓰기 카페에서 힘을 얻으며 동기부여를 받았고 자극을 받았다.

그동안 날마다 필사를 하면서 의식이 점점 높아졌다. 이제는 남편을 의지하기보다 내가 주인 된 나의 삶을 살아갈 수 있었다. 내가 원하는 것에 집중하고 내가 기쁘고 즐겁게 할 수 있는 것을 하면서 나는 행복함을 느끼기 시작했다. 나는 더는 이리저리 흔들리지 않았고, 책을 읽고 쓰면서 자존감을 높여왔다.

다른 작가님들은 직장을 다니면서 책을 썼지만 나는 책을 쓰고 직장을 찾았다. 자존감을 높이고 긍정적인 마음으로 3개월간 요양보호사로 일하면서 많은 것을 배웠다. 그 후에 삼성생명에서 21일 동안 진행하는 FC(Financial Consultant) 교육이 있어 참여하고 FC의 삶에 도전하고 싶었으나 남편의 과한 반대로 포기했다. 잘 다니던 요양 시설을 그만둔 뒤 붕 떠버렸다. 당장 생활비가 걱정이었다. FC를 하면 한 달 생활비는 삼성생명 본사와 지점에서 지원이 있고 또 나를 1년 동안 이끌어가는 리더가 조금 도움을 주어, 한 달 생계비를 마련할 수 있게 되어 있었지만 FC 교육을 받지 않으므로 나의 계획은 뒤집혔다.

나는 한 발 물러서고 공장이나 요양보호사 일을 다시 찾으려고 했다. 공장도 이곳저곳 다녀보았지만 해낼 수가 없었다. 불량을 만들까 봐 마음이 불안하고 자존감이 떨어졌다. 또 한 달 정도 요양보호사 일자리를 구하려고 했지만, 경쟁률이 심한 데다 내가 원하는 9시 출근도 아니고 집에서 멀기도 했다. 면접을 보아도 연락이 없었다. 나는 다시 두려움에 떨면서 다른 공장에도 가봤지만 역시 공장에서 일하는 것은 나의 체질에 맞지 않았다. 나에게는 요양보호사가 더 맞음을 깨닫게 되었다. 3월 말이 다 되어갈 무렵, 두 곳에 요양보호사 면접을 봤는데 한 군데에서 내가 책을 써냈다는 점을 높이 평가하고 당장 면접을 하자고 했다. 면접을 보면서 책을 쓴 일, 독서를 많이 하는 것, 그리고 항상 긍정적인 마인드를 가지고자 하는 점을 높이 평가했다며 출근하라는 연락을 받았다.

나는 내가 작가임에 환호했다. 나는 작가다. 나를 높이 봐주시는 분들이 계셔서 살 것 같았다. 나는 감사하는 마음으로 출근할 것이다. 시간도 내가 원하는 9시 출근이고 나를 좋아하는 사람들이랑 일할 수 있어서 좋고 나에게 기대하는 사람들과 함께 일할 수 있어서 좋다. 버스 타고 다니면서 출퇴근 길에 책을 보거나 내가 원하는 일을 할 수 있어서 감사하다. 운전하지 않으니 언제나 SNS 활동을 왕성하게 할 수도 있고 또 원하는 책도 읽을 수 있고, 모든 것이 하늘을 날 듯 기쁘고 즐겁다.

지금은 베스트셀러 『미친 꿈에 도전하라』 저자인 권동희 작가와 공저로 두 번째 책인 『나의 삶을 바꾸는 필사 독서법』 마무리 단계에 있다. 세

꼭지만 쓰면 완성한다. 지금 나는 작가임에 감사한다. 평범함보다 못한 힘든 상황 속에서 하루하루 버티며 살던 나는 인생을 바꿔보고 싶었고 나의 위치를 바꾸고 싶었다.

그렇게 절실하게 배워서 책을 쓴 나는 '작가님'이 되었고 내가 받아보지 못한 존중과 용기와 동기부여를 받고 있다. 나는 다른 사람보다 늦은 편이다. 그래도 끝까지 나의 이야기를 원고로 썼다. 그리고 그 원고가 세상에 나오게 되었다. 이제 두 번째 책을 다 써가는 이 시점에 와서야 나는 이미 자랑스러운 작가임을 깨닫고 있다.

'나는 천재 작가다!'라고 외친다. 내 삶을 뒤돌아보니 나는 책을 읽고 책을 쓸 때 제일 행복했다. 또 작가의 삶을 살아가고 작가로부터 시작하여 성공한 1인 지식 창업가를 상상하고 꿈을 꿀 때 나는 에너지가 넘치고 열정을 쏟아부을 수가 있다. 나는 지금도 필사를 하면서 원고를 쓰는 새벽이 제일 행복하다. 나의 꿈을 향해 무한한 열정으로 달려가고 있다. 나는 살아서 숨 쉬고 있다. 나는 하고 싶은 것, 가고 싶은 곳, 갖고 싶은 것이 많아졌다. 나는 더 이상 꿈 없던 20대가 아니다. 이제는 지난 과거는 교훈으로 가슴에 새기고 새롭게 작가로서 인생 2막을 열어갈 것이다.

'나는 자랑스러운 작가다.'
'나는 성공한 1인 지식 창업가다.'

오늘도 꿈을 가지고 꿈을 향해 열정적으로 달려간다. 멋지게 나의 인생을 살아간다. 이제 하고 싶은 것이 너무 많아서 행복하다. "성공해서 책을 쓰는 것이 아니라 책을 써서 성공한다." 최고의 코치에게 배워 나는 평생의 소원을 이루었다.

나의 의식을 끌어올려주신 〈한책협〉 김도사님, 권마담님, 모든 코치님과 작가님들께, 또 부족한 원고임에도 계약해주신 출판사에 감사한다.

김륜희

약력 : 베스트셀러 작가, 동기부여가, 육아코치, 장안대학교 인터넷비즈니스
학과 졸업, 남편의 사업을 도우며 육아 중인 쌍둥이 엄마이자 작가
저서 : 『육아 스트레스, 나는 괜찮을 줄 알았습니다』, 『보물지도22』(공저)

쌍둥이 엄마,
베스트셀러 작가가 되다

나는 두 아이를 육아하고 있는 평범한 쌍둥이 엄마였다. 하루 종일 육아를 하고 아이들이 잠이 들 때면 명상 음악과 함께 좋은 말들이 나오는 유튜브 영상을 보며 힐링했다. 그중, 김새해 작가의 유튜브를 자주 보곤 했었다. 나도 그렇게 되고 싶었다. 그러던 중 김새해 작가가 김도사라는 책 쓰기 코치에게 배웠다는 것을 알게 됐다. 그리고 생각했다. '그럼 나도 김도사님에게 책을 쓰는 법을 배우면 정말 멋진 작가가 될 수 있지 않을까?' 하고 말이다.

유튜브 〈김도사TV〉에서 "책을 써야 성공한다. 만사 제치고 특강에 와라."라는 말이 내 귀에 꽂혔다. 나에게 하는 말 같았다. 육아로 인해 시간도 없고 핑곗거리도 많았다. 하지만 만사 제치고 오라고 하는 것 같았다. 주말엔 봐줄 사람이 없어 오로지 육아에 집중해야 했다. 특별히 남편에게 양해를 구하고 특강을 신청했다. 특강 전날인 토요일 밤에 도련님네가 놀러왔다. 아이를 재우고 같이 술 한잔 기울이며 대화를 하다 보니 시계가 새벽 4시를 가리켰다. 잠시 후 잠이 들었다. 한 시간 후에 아이들 울음소리에 잠에서 깼다. 내 몸은 천근만근이었다. 피곤했지만 특강을 듣기 위해 자리를 나섰다. 비몽사몽한 정신으로 들었던 특강이었지만 재미있었다.

그리고 작가가 되기 위한 본격 수업을 듣게 되었다. 나는 '육아 스트레스'에 관련된 내용을 써 내려가기로 했다. '내가 잘할 수 있을까?' 하는 생각이 떠올랐다. 충분히 잘할 수 있다고 동기를 부여해주는 코치님을 믿고, 빠르게 원고를 적어갔다. 그리고 몇 주 만에 초고를 완성하여 투고했고, 출판사와 계약을 하게 됐다. 드디어 나의 첫 책이 세상에 탄생한 것이다.

책이 출간되어 나오자, 출간 기념으로 인스타그램에 서평 이벤트를 실시하기로 했다. 인스타그램이라는 SNS를 시작한 지 얼마 되지 않았는데, 생각보다 많은 사람이 이벤트에 지원했다. 기간이 만료되어 이벤트에 선정된 사람들에게 친필 사인과 함께 책을 정성스럽게 포장했다. 그리고 책 배송을 완료했다. 며칠이 지나자 내 책에 대한 서평 글이 하나둘씩 올라왔다. 서평 글이 올라오자마자 너무 신기했다. 그동안 인터넷에서 다른 사람 책의 서평 내용은 보아왔지만, 내가 쓴 책에 독자들이 쓴 서평이라니 그저 신기할 따름이었다. 서평 글이 하나씩 올라오면서 감동의 연속이었다. 서평 글에는 다음과 같은 내용이 적혀 있었다.

"1장부터 아웃트로까지 눈물 콧물을 흘리며 읽었다. 너무 공감되고, 내이야기 같아서 바로 눈물이 쏟아졌다. 임신 과정부터 돌잔치 하는 날과 쌍둥이 엄마들의 흔한 일상 등이 정말 내 이야기 같았다. 그리고 등을 토닥토닥 해주는 것처럼 마음 한구석도 따뜻해졌다. 사실 둥이를 처음 키워보는 데다 엄마가 처음이라 터울이 큰 형제들이 힘든지, 연년생을 키우는 게 힘든지 모르겠다. 그래서 내 지인들에게 '나보다 네가 더 수월하지….' 하는 말을 많이 아꼈다. 한 번도 겪어보지 못한 육아이기에…. 동시에 같은 개월 수의 아이들을 키운다는 건 정말 쉽지 않다. 육아 스트레스로 너무 힘든 요즘이었는데 육아 스트레스를 어떤 식으로 풀어나가면 좋을지를 제시해주는 책이었다."

"육아는 늘 로망이었다. 예쁜 아기랑 있으면 시간 가는 줄도 모르고 마냥 행복할 줄 알았다. 막상 엄마가 돼서 집에서 혼자 아이를 보려니 미칠 것 같은 순간이 많았다. 그때마다 많이 무너지고 울기도 많이 울었다. 근데 남들에게는 그 힘듦을 얘기하는 게 너무 자존심이 상했었다. 나는 좋은 엄마이니까…. 아니, 좋은 엄마여야 하니까…. 어찌지 못하는 상황에서 도망갈 수 없을 때마다 나 자신의 밑바닥을 경험하고 많이 자책했었다. 나만 그런 줄 알았는데 그게 아니었다. 이 책은 쌍둥이의 엄마가 되기 전부터 육아하며 경험했던 순간순간들의 감정이 잘 담겨 있었다.

비록 나는 쌍둥이의 엄마는 아니지만, 너무 내 이야기인 것만 같아 눈물을 주룩주룩 흘리며 읽기도 했다. 내가 했던 많은 자책이 나만 그런 게 아니라는 것만으로도 큰 위로와 용기가 됐다. 육아에 지쳐 엄마가 될 자격이 있는지 의심이 된다면 『육아 스트레스, 나는 괜찮을 줄 알았습니다』 이 책을 읽어봤으면 좋겠다. 예비 엄마들도 꼭 읽어봤으면 좋겠다. 나처럼 이상과 현실의 괴리에서 자신을 스스로 채찍질하는 일은 없을 것이기 때문이다.”

이처럼 책의 후기 글들이 하나둘씩 올라왔다. 나의 경험이 다른 사람에게 공감을 일으키고 위로를 해줄 수 있다니, 육아로 인해 힘들었던 시간을 다 보상받는 느낌이었다.

책을 쓰고 달라진 점 중 하나는 작가가 되어 가족과 지인들로부터 대단하다는 찬사와 함께 응원을 받고 있다는 것이다. 책이 출간되어 세상

의욕 없던 삶이 다시 두근거리는 하루 10분 글쓰기의 힘

에 나온 이후, 어머님과 전화 통화를 했다.

"어머님, 안녕하세요. 저 둘째 며느리예요."

"어! 그래…. 애들은 지금 자고 있니~?"

"네, 잘 자고 있어요. 어머님, 혹시 제 책 읽어보셨어요?"

"그럼, 벌써 3분의 2나 읽었는 걸…."

"그렇게나 많이 읽어보셨어요?"

"책이 재밌어서 그런지 금방 읽히더라. 요즘 아이 키우는 엄마들이 읽어보면 좋을 것 같더라고."

"근데 초반에 남편이랑 싸웠던 내용이 많아서 어머님께 좀 죄송하네요…."

"호호호…, 죄송은 무슨…. 책 읽어보니까 내가 우리 아들 키웠던 시절이 생각나더라…. 나도 많이 싸우기도 했고, 힘들었었다. 우리 며느리 정말 고생 많았고, 대단하다."

이렇게 통화를 마무리했다. 책의 주제가 육아 스트레스 관련 내용이라 남편과 다투었던 내용이 자주 나와 어머님에게는 좀 미안한 터였다. 하지만 어머님은 예전 생각이 나신다며 오히려 나를 응원해주었다.

주말엔 친한 동생이 책 출간을 기념하고 축하하기 위해 찾아왔다. 봄에 어울리는 화사한 꽃다발과 샴페인을 함께 가지고 왔다. "언니가 책을 쓸 줄은 예상치 못했어. 정말 멋지다."라며 자랑스러워했다. 함께 저녁을 먹으며 독자와 저자로서의 만남도 이어갔다. 책에 관한 내용을 설명도 하고 사인도 하며 대화를 이어갔다. 남편과의 술자리에서도 요즘 내 책에 관한 이야기를 많이 한다. 책을 쓰고 결과물이 나왔다는 데 새삼 놀랐다고 했다. 게다가 인터넷 서점에 베스트셀러라고 나오니 나에게 "너는 이미 꿈을 다 이뤘다."라며 나를 인정해주었다. 그리고 아이들에게도 꿈을 이룬 멋진 엄마로 당당하게 나설 수 있게 되었다.

인터넷 검색창에 '육아 스트레스'를 써보면 내 책이 나온다. 저자의 소개에 나의 이름과 함께 말이다. 그동안 다른 사람의 책만 사서 읽어보았는데 현재는 내가 쓴 책이 판매되는 것이다. 예스24 인터넷 서점에 판매하고 있는 내 책을 클릭하여 들어가보았다. 육아 부문 88위에 들었고, 책 옆에는 '베스트셀러'라는 표기가 되어 있었다. '베스트셀러라니….' 내가 작가가 될 수 있을지도 몰랐는데 책이 나와 베스트셀러가 되었다니! 그동안 품고 있던 내 마음속 꿈이 이루어진 것이다.

어제는 메일을 확인해보니, 강연 요청 의뢰 메일이 와 있었다. 메일을 확인한 순간부터 긴장이 되었다. 책이 출간되고 나오면 강연 요청이 들어온다는 말을 들었지만 믿을 수가 없었다. 나에게 강연 요청이라니? 정

의욕 없던 삶이 다시 두근거리는 하루 10분 글쓰기의 힘

말 놀라웠다. 좋은 강연을 하려면 어떻게 해야 할지에 대한 행복한 고민에 휩싸였다.

아이를 낳고 키우며 나의 존재는 아무것도 아닌 것 같고 자존감은 점점 떨어져갔다. 책을 쓰고 내 책이 나오니, 모든 게 달라져 있었다. 주변 사람들에게 응원받으며 내 존재를 인정받게 되었다. 나 자신도 더욱 사랑하게 되었다. 내가 원하면 얼마든지 이룰 수 있다는 걸 알았기 때문이다. 자신을 더 사랑하는 만큼 내 아이들에게도 사랑을 더욱더 나눠줄 수 있게 되었다. 소중하지 않은 존재는 이 세상에 없으니까 말이다.

김이슬

약력 : 〈한국주식투자코칭협회〉 대표, 〈ABC엔터테인먼트〉 소속 작가, 재테크
멘토, 투자 동기부여 작가, 금융 강사

저서 : 『보물지도16』, 『주식투자 이렇게 쉬웠어?』, 『돈 되는 주식투자 ETF가
답이다』, 『결국 ETF가 답이다』 (이상 공저)

책을 쓰고
진짜 '꿈'이 생겼다

"진짜 내 꿈이 무엇인가?"

어렸을 때 가장 많이 했던 생각이다. 학교에 장래희망에 대한 답안지를 제출해야 했기 때문이다. 사실 그것은 나에게 가장 어려웠던 질문이다. 처음 좋아하는 것이 생겼을 때 엄마에게 들었던 말이 생각난다. 7살 때, 그림 그리는 것이 너무 좋아서 엄마에게 화가가 되고 싶다고 했다. 그리고 나는 미술학원을 딱 한 달 다닐 수 있었다. 갑자기 엄마가 학원비를 낼 수 없어서 더 다닐 수 없다고 했다.

엄마는 내게 미술은 배우는 것도 비싸고, 나중에 돈 벌기가 힘들 것이라고 했다. 나는 '그렇구나. 미술을 하면 힘든 삶을 사는구나.' 생각하고 바로 포기했다. 그리고 무엇인가 안정적인 생활을 할 수 있는 꿈 안에서 장래희망을 적게 되었다. 그런데 사회적인 어른이 되고 난 이후부터는 내면에서 계속 질문을 던졌다.

'나는 왜 살까? 도대체 나는 누구일까?'
'어떻게 살아야 할까?'
'무엇을 하고 살아야 할까? 진짜 하고 싶은 게 뭘까?'

항상 무엇인가를 하면서도 내면의 고민은 풀리지 않았다. 내 기준이 없다 보니 계속 방황했다. 경험을 많이 하면 알게 될 것이라 생각했다. 그래서 이것저것 할 수 있는 것은 다 해보자는 주의로 살았다. 아르바이트, 동아리, 학회, 해외 인턴, 어학연수 등 기회가 생기면 나는 꿈을 찾기 위해 무조건 다 해보았다. 다행히도 나는 자기계발의 끝이라는 '책 쓰기'를 〈한책협〉의 김도사님을 만나 빠르게 할 수 있었다. 한 권의 책에 소망과 열정, 경험을 담아 쓰는 그 순간 정말 행복했고 감격스러웠다.

그렇게 첫 개인 저서 『주식투자 이렇게 쉬웠어?』가 나왔고, 나의 멘토인 김도사님이 알려주신 대로 책 쓰기에서부터 1인 창업까지 단숨에 실행하며 앞으로 달려왔다. 지금은 ABC 소속 작가로 활동하고 있다. 이렇게 끊임없이 내가 성장할 수 있는 환경에 있다는 것이 감사하다. 인생에 있어 정말 엄청난 축복이다.

책을 쓰고 위치가 크게 바뀌었다. 지금의 나는 작가, 1인 창업가, 강연가, 주식 코치로 활동하고 있다. 단 2년 전만 해도 나는 그냥 독자였다. 책을 좋아해서 보기만 했던 과거에 나는 정보를 소비하는 소비자였다. 그렇지만 이제는 생산자가 되어 다른 사람들에게 영향력을 주는 사람이 되었다. 그렇게 위치가 바뀌자 삶이 빠르게 바뀌었다.

직장에 다니며 가장 힘들었던 점은 감옥에 갇힌 듯한 기분이었다. 그렇게 원하던 은행에 들어갔지만 1평 남짓한 창구에서 끊임없이 번호표를 눌렀다. 기계처럼 일하다가 집으로 가면 쓰러져 자기만 했다. 그런데 햇살이 따뜻했던 어느 날 오후 고객을 받다가 큰 유리창 너머에 비둘기가 보였다. 자유롭게 날아와서 모이를 쪼는 비둘기들을 보며 속으로 생각했다.

'내가 저 비둘기면 얼마나 좋을까? 자유롭게 가고 싶은 곳을 마음대로 갈 수 있다니 참 부럽다.'

그 생각을 하는 순간 나는 깨달았다. 무엇인가 잘못됐다. 회사에 다니는 가족들에게는 안정적인 직업을 가진 착한 딸, 착한 며느리, 착한 아내였다. 그렇지만 나 자신은 행복하지 않았다. 매일 반복되는 삶에 나는 지쳤다. 그리고 열망했다. 자유롭게 사는 삶을 갈망했다. 그래서 어떻게든 벗어나기 위해 발버둥 쳤다. 그렇게 선택했던 방안이 주식 투자였다. 그 당시에는 어떤 길로 가야 할지 다시 정하기 위해 게임 개발 과외도 받고, 캐나다 이민을 위한 유아교육 과정에도 등록했었다. 그냥 그 자리에서 벗어날 수 있다면 좋겠다고 생각했다. 일반 비슷한 직장은 다시 이 삶이 반복될 것 같아 내 나름대로 생각해낸 방안들이었다.

그렇게 우연히 부동산 투자를 배우기 위해 갔던 강의에서 나는 〈한책협〉 김도사님을 알게 되었다. 부동산 강의를 해주던 분이 김도사님에게 배워 빠르게 책을 내고 강사의 삶을 살고 있는 모습을 보고 가슴이 뛰었다. 그때 책을 쓰면 내 삶이 달라질 것임을 확신했다.

책을 쓰면서 돌아보았던 나의 삶은 정말 평온했다. 나는 사랑받는 장녀로 태어나, 엄마 아빠의 무한한 애정과 사랑을 받았다. 남동생과는 정말 어렸을 적 컴퓨터 게임 때문에 싸운 적 빼고는 싸운 기억도 없다. 대기업 생산직에 근무하는 아빠와 가정주부인 엄마에게 따뜻한 보살핌을 받으며 컸다. 큰 아픔을 겪어본 적이 없고 힘든 시련도 없었다.

그런 내 안의 답답함이 시작된 건 돌이켜보면 초등학교 5학년 사춘기 시절부터다. 선생님이 말하는 대로 공부를 열심히 하면 삶이 달라질 것 같아 학원에 보내달라고 부모님께 부탁했다. 그런데 사실 내 가슴을 뛰게 하는 것들은 학교 공부가 아닌 다른 곳에 있었다. 나는 춤추는 것과 달리기를 좋아했고, 아름다운 시, 소설을 좋아했고, 그림 그리는 것을 좋아했다. 하지만 어렸을 적에 생긴 공포가 나를 붙잡았다. 그렇게 돈 안 되는 일을 하면 모두가 불행해질 것이라는 내 안의 감옥이었다. 그리고 내가 그것을 좋아하기는 하지만 남들보다 더 뛰어나게 잘할 자신이 없었다.

어떤 사람으로, 어떤 삶을 살아야 할지에 대한 고민은 항상 나에 대한 궁극적인 질문이었다. 그리고 나는 왜 나보다 가족들이 행복한 삶, 남들이 인정해주는 삶을 먼저 생각했는지 깨달았다. 내가 도망자였기 때문이다. 내 인생의 책임은 내가 지는 것이다. 그리고 다른 사람의 인생을 내가 책임질 수 없다는 사실을 몰랐다. 내가 이 세상의 중심이고 창조하는 주체라는 사실을 책 쓰기를 배우며, 김도사님에게 의식 수업을 들으며 알게 되었다.

직장 다니면서 힘든 순간들이 왔을 때 선배나 가족들은 그런 조언을 했다.

'모든 사람들이 너를 좋아할 수는 없다.'
'세상 모든 게 뜻대로 되는 건 아니다.'

51

그래서 자연스럽게 내가 문제가 아니라 환경이, 사람이 문제라며 타협하고, 미워하고, 탓하며 스스로 만든 감옥에서 지냈다. 그런데 알고 보니 내가 만난 모든 사람과 처한 모든 환경이 다 내가 만든 것이었다. 그 사실을 알고 정말 뛸 듯이 기뻤다. 아무것도 탓할 이유도 없고 세상이 정말 내가 원하는 대로 모두 이루어지는 행복한 놀이터가 되었다.

지금처럼 이렇게 글을 쓰는 순간이 즐겁다. 좋아하는 사람들과 일하는 것이 행복하다. 흥미 있는 주제에 대해 끊임없이 공부하고 다시 또 생각해보는 순간이 좋다. 기분 좋은 음악과 커피향이 있는 곳에서 업무를 보고, 마음껏 좋아하는 책들을 보고, 열정을 다해 말할 수 있는 강연가 자리에 서 있고, 매일 결과물을 보며 성취감을 느끼는 삶에 정말 감사하다.

내 꿈은 통유리로 된 초고층 집에 살면서 사람들에게 영감을 주는 동기부여가, 작가, 메신저, 인플루언서, 사업가로 사는 것이다. 천국에서 풍성하게 즐기며 여유로운 마음으로 돌아볼 줄 알고 내가 깨달은 것을 나눌 줄 아는 성공자로 사는 것이다. 꿈을 이야기할 때 정말 행복하다. 이미 이루어진 나의 모습을 상상하니 글을 쓰면서도 하늘을 나는 기분이다. 책을 쓰고 나니 진정한 꿈이 생겼다.

나는 총 4권의 책을 썼다. 책을 보고 독자들의 연락을 받을 때가 있다.

용기를 얻어 투자를 시작했다는 말과 책을 읽으며 정말 공감했다는 이야기를 들을 때 내가 누군가에게 도움이 될 수 있다는 사실에 전율한다.

처음 투자를 시작했을 때 겪었던 모든 경험이 책을 쓰고 나니 다른 누군가에게 도움을 줄 수 있는 지혜가 되었다. 이제는 만나는 모든 사람이 묻는다. 어떻게 하면 투자를 잘할 수 있는지에 대해서 말이다. 그렇게 누군가에게 무엇인가를 줄 수 있는 사람이 되었다. 투자에 대한 기초부터 실행까지 돕기 위해 네이버카페 〈한국주식투자코칭협회〉를 운영하며 나는 20대에 대표가 되었다. 직장인으로만 살 줄 알았던 내가 책을 쓰고 직장인에서 대표가 된 것이다.

부모님과 시부모님, 그리고 친척들은 내가 책을 쓰고 작가가 되자 모두가 놀라기도 하고 굉장히 기뻐했다. 큰아빠는 우리 집안에 작가가 나왔다고 대단하다며 전화를 하셨다. 그렇게 기뻐하는 가족들의 모습을 보니 정말 책 쓰기를 잘했다는 생각을 했다. 첫 책이 나왔던 날에 서점에 가서 남편과 함께 책을 들고 사진을 찍으며 얼마나 뿌듯하고 기뻤는지 모른다.

책을 읽고 독자들이 상담을 신청해서 올 때 나의 책을 소중하게 들고 와서 사인을 받는다. 처음 사인을 할 때는 굉장히 어색했다. 누군가에게 사인을 해줄 것이라는 생각도 하지 못했는데 내 사인을 받고 기뻐하는 독자와 함께 사진을 찍는 순간이 온 것이다. 매 순간 그럴 때마다 '내가 정말 책을 쓰고 작가가 되었구나' 하고 자각하게 된다. 책을 쓰고 정말 많은 사람의 사랑과 인정을 받고 축복이 가득한 삶을 살고 있다.

가장 감사한 것은 내가 스스로를 믿게 되었다는 것이다. 나를 믿고 내가 가고자 하는 길을 가는 것이 책을 쓰고 난 후 내 삶의 가장 큰 변화였다. 나는 꿈을 꾸고 이루어가는 그 과정에서 많은 사람에게 사랑과 축복을 주는 사람으로 살면서 따뜻한 경험을 가지고 가겠다.

마지막으로 이렇게 글을 쓰다 보니 기쁘고 어려운 일이 생길 때마다 항상 옆에서 함께 기뻐해주시고, 해결해주셨던 〈한책협〉의 김도사님과 권마담님, 그리고 포코치님께 정말 감사하다. 내가 책을 쓰고 변할 수 있었던 것은 이렇게 빛처럼 밝은 분들을 만났기 때문이다. 내가 있는 그대로 가장 귀한 존재임을 알게 해주신 분들이다. 사랑이 많은 사람들과 사랑을 하며 살 수 있는 이곳, 지구에서 나는 매일 꿈을 꾸고 이루면서 살고 있다. 꿈이 있어 이곳이 나의 천국이다!

김이슬_책을 쓰고 진짜 '꿈'이 생겼다

김정탁

약력 : 서울경찰청 형사기동대로 경찰입문, 강력반, 형사계, 여성청소년계, 지
구대, 파출소 등을 경험한 국민의 경찰

저서 : 『법률상식 완벽 활용법』

책을 쓰고
꿈을 이루었다

코로나가 시작되기 전에 책을 쓰겠다고 마음먹었다. 책을 쓰려고 틈틈이 준비해서 메모로 수십 장에 이르는 글과 참고자료를 사진 찍으며 자료를 준비했다. 어떻게 책을 쓸 것인가 나름대로 자료를 수집했다. 집 근처에 있는 도서관에서 책을 쓸 자료를 보다가 우연히 『가장 빨리 작가 되는 법』을 보고 그 자리에서 읽고 난 뒤 책을 쓰기로 마음먹었다. 그러나 과연 내가 책을 쓸 수 있을까 하는 의문이 들었다. 내 나름 익힌 경험을 바탕으로 책을 보고 느낀 것으로 쓰고자 했었다. 그러다 『가장 빨리 작가 되는 법』의 저자 김도사님의 유튜브를 보니 그곳에 책 쓰기에 관한 1일 특강이라는 좋은 프로그램이 있어 바로 신청했다.

누구나 무엇이든 결정할 시간이 있다. 친구와 같이 밥을 먹을 때도 '무엇을 먹지? 짜장면을 먹을까, 짬뽕을 먹을까?' 선택의 기로에 선다. 또 신발을 살 때도 '이 브랜드를 살까, 저 브랜드를 살까?' 고민한다.

나는 바로 결정하고 1일 특강을 듣기로 했다. 그저 마음이 가는 대로, 느낌대로 하기로 했다.

1일 특강 등록을 하고 김도사님과 면담을 했다. 이어서 책 쓰기 과정에도 등록하고 열심히 하면서 직장과 책 쓰기 과정에 마라톤 하듯이 열심히, 꾸준히 뛰어갔다. 남들이 나보다 앞서도 상관없다. 나만의 마라톤을 뛰기 때문에 모르는 것은 물어보면서 계속해나갔다.

모르는 것을 일부러 안다고 할 필요는 없다고 생각하고 자료 수집에 있어 나이를 불문하고 묻고 또 물어보았다. 나이 많은 사람들에게는 지나온 경험을 묻고 또 그들의 지혜를 얻었다. 젊은 사람들은 인터넷을 활용하는 방법을 많이 아는 데다 자료 수집도 빨랐다. 나는 자료 수집할 수 없는 것이 궁금해지면 누구에게나 물어보았다. 교보문고에 직접 가서 책도 보고 사람도 보았다. 내 이론은 현장에 가야 답이 보인다는 것이다. 정말 큰 서점이라 얼마나 많은 책들이 있는지 직접 확인하고 싶어 마음이 움직이는 대로 가서 확인하고 보고 느꼈다. 서점 관계자에게 몇 평이나 되는지 물어보았더니 "3,000평에 어린이 도서를 합쳐서 2천만 권 정도 될 것"이라고 말해주었다. 그 많은 책 중에 내가 쓰고자 하는 책들을

의욕 없던 삶이 다시 두근거리는 하루 10분 글쓰기의 힘

읽어보기도 하고 목차와 글 구성 등을 참고했다.

지하철을 타고 오고 가는 동안 내가 쓰고자 하는 부분과 관련된 스토리가 있으면 메모했다. 아이디어가 떠오르면 처음에는 종이에 적었다. 그러다가 내가 알고 지내는 핸드폰 매장에 들러서 우연히 책 이야기를 하게 되었다. 가끔 산책도 하려 집에서 약간 떨어져 있는 나즈막한 산에 오르는 경우가 있는데 산에 가서 아이디어나 글을 쓸 좋은 것이 떠오르면 꼭 종이가 없다고 하자 핸드폰 사장님이 '톡톡'이라는 것을 알려주었다. 그 이후로는 산책하다가 톡톡에 저장을 한다. 천천히 가기도 하고 때로는 땀에 젖은 몸을 쉬면서 열심히 톡톡에 기록을 했다. 누구에게나 배울 점이 있는 것이구나 하고 느꼈다.

이 세상에 일만 가지가 넘는 직업이 있다고 한다. 사무직에 일하는 사람도 있다. 현장에서 일하는 사람도 있다. 자기가 직접 운영하는 자영업을 하는 사람도 있다. 식당을 하는 사람도 있고 식당에서 일하는 사람도 있다. 현장이라는 곳도 여러 가지다. 물건을 나르는 사람도 있고 지게차로 나르는 사람도 있다. 직업이 일만 가지가 넘는다고 하니 퇴근 시간도 다를 수 있다. 야간에 일하는 사람도 있다. 간호사, 경찰관, 소방관, 군인, 경비원, 택배원 등 수없이 많을 것이다. 그들 중에 책을 쓰는 작가도 있을 것이다. 시간은 누구에게나 똑같다, 그 시간을 어떻게 활용하는지에 따라 작가도 될 수 있고 책을 읽는 독자도 될 수 있다.

사람들은 결과만 보는 경향이 있다. 나 또한 그랬었다. 그 결과가 나오기까지의 과정을 보지 않는다. 결과에 앞서 원인, 이유, 생각, 따돌림, 진실 규명 등 얼마나 힘들었을까 하는 과정은 생각하지 않는다. 그 사람의 결과를 보고 그저 옛 생각에 말한다.

"그 사람 옛날에는 멍청했는데, 엄청나게 가난했는데, 공부도 못했는데, 키도 작았는데, 찌질이였는데, 일도 제대로 하지 못했는데, 얌전했는데, 개구쟁이였는데, 장난꾸러기였는데."

이유야 수십 가지다. 결과에 칭찬은 못 해줄망정 비난하거나 푸념하는 경우도 있을 수 있다.

운동선수가 금메달이나 우승하기까지 얼마나 많이 노력하였는지 생각해보라. 마라톤 선수는 매일 일정한 거리를 뛰어야 한다. 다른 경쟁 선수들을 이기려면 뛰고 분석하고 해야 한다. 양궁선수는 매일매일 몇백 발씩 쏴야 한다. 또 응원 소리를 극복하기 위해 박수 소리를 이겨내는 연습을 한다. 또 담력을 극복하기 위해 야간 산행과 이상한 동물을 대하기도 했다는 것을 들었다. 축구선수는 슈팅을 잘하기 위해 혼자서 매일 몇백 번씩 차야 한다고 한다. 또 어떤 위치에 찬스가 생겼을 때 어떻게 해야 하는지 전술을 익힌다.

어린 아기는 처음부터 걷지 못한다. 수천 번 뒹굴고 뒤집고 넘어지고 일어나서야 걷는다고 한다. 언어도 '어어어' 하면서 엄마가 말해주는 목소리를 듣고 엄마를 부른다. 어린아이가 수천 번 보아야 엄마를 기억하고 아빠를 기억한다고 한다. 할머니, 할아버지도 몇백 번 보아야 어린아이가 낯을 가리지 않는다고 한다. 낯선 사람이 아기를 귀엽다고 오라고 하면 아이가 낯을 가리고 경계하는 이유가 있을 것이다.

글도 마찬가지라 생각한다. 말도 안 되는 것을 메모하고 하다 보면 하나의 책이 된다고 생각한다. 좋은 글이 있으면 메모하고 기억하고 남의 책을 읽다 좋은 구절이 나오면 본받고 해서 내 것으로 만들면 좋은 글이 된다고 본다.

사람은 누구를 만나느냐에 따라 운명이 달라진다고 생각한다. 2002년 월드컵의 히딩크 감독을 생각해보라. 그는 오로지 실력과 체력, 자신만의 스타일로 2002년 4강 신화를 이루었다. 학연, 지연, 혈연 등을 따지지 않고 자신만의 축구로 결과를 이루어냈었다. 마치 흰 고양이든 검은 고양이든 고양이가 쥐만 잘 잡으면 되지, 고양이의 색깔에 논쟁을 벌이는 것과 같은 논리로 했다면 히딩크의 신화는 이룰 수 없었을 것이다. 사람은 환경의 지배를 많이 받는다고 한다. 범죄자가 우글거리는 환경에서는 범죄자가 될 확률이 높다는 것이고 좋은 환경에서는 그럴 확률이 낮다는 것이다.

내가 아는 지인 乙은 오토바이 택배원으로 일을 하다가 떡을 배달하러 갔다고 한다. 그런데 떡집 사장님 甲이 택배원 乙의 성실성을 눈여겨본 후 떡집을 하는 것이 어떠냐고 제안하였다. 그 후 그 제안을 받아들여 주인에게 떡 만드는 기술을 익힌 다음 자신의 어머니와 매일매일 떡을 만들다가 성공했다고 한다. 지금은 소개한 사장 甲보다 더 크게 성공했다고 한다. 떡집 사장 甲이 어려움에 처했을 때 乙이 보증과 돈도 주는 등 오히려 스승을 능가하여 땅도 사고 큰 성공을 이루었다고 한다. 이것은 성실성을 알아본 떡집 사장 甲의 안목도 있고, 작은 것을 열심히 실천한 사람의 성공이 아닐까 한다.

책을 읽다 보면 어떤 책을 읽을까 고민해본 적이 없는가? 부자가 되는 책, 주식으로 성공하는 책, 부동산으로 돈을 벌 수 있는 책, 자기계발서 등 여러 가지 있을 것이다.

나는 김도사님의 자기계발 책을 읽고 의식 변화와 책을 쓸 수 있다는 자신감으로 책을 썼다. 김도사님은 목차부터 책을 쓰는 방법, 제목, 서론 쓰기, 본론 쓰기, 결론 쓰기 등을 자세히 지도하였다. 차근차근 나가기만 하면 책을 쓸 수 있다고 지도했다. 자기 업무와 관심, 취미, 일상 등의 소재로 이야기를 꾸며가면 된다고 해서 그대로 따르니 정말 기적같이 책이 완성되었다. 책을 쓰고 난 후 나는 꿈을 이루었다. 어떤 꿈인지 궁금하지 않은가? 나는 원래 선생님이 꿈이었다. 학교에서 남을 가르치는 것이 나의 소망이자 꿈이었다.

　사실 내가 책을 쓴 것도 어린 시절의 꿈이기도 했지만, 퇴직 후의 삶을 그리는데 김도사라는 훌륭한 선생님을 만나 마침내 꿈을 이룬 것이라 할 수 있다. 원고를 투고하여 출판사가 정해진 것, 여러분도 상상해보라. 자신의 글이 출판사에 채택되었을 때의 전율을. 마치 내가 무언가에 홀린 것 같은 기분이 들었다. 물론 사람에 따라서는 다를 수 있다고 본다. 출판사가 정해진 바로 그때 나를 지도해주신 김도사님께 전화를 드렸다. 선생님이 하시는 말씀이 "기분 좋으시지요? 진심으로 축하드립니다."라고 했다. 지금도 귀에 선생님의 목소리가 들리는 것 같다. 다시 말하지만, 사람은 누구를 만나느냐에 따라 인생이 달라진다. 나 또한 그 경험자이니 자신 있게 말할 수 있다.

　책을 쓰고 난 후 삶의 변화는 어떻게 되었을까? 여러분이 상상해보라. 나를 가장 잘 아는 가족이 나를 작가로서 대하고, 나를 아는 친척도 나를 다시 보게 되었다. 친구는 물론이거니와 직장 사람들도 어떻게 그것을 썼느냐, 시간이 얼마나 걸렸느냐 등 궁금한 것을 물어보기도 한다. 그러면 나는 "궁금하면 500원"이라는 유행어로 대신해준다. 웃음이 지어진다. 웃음이 터진다. 나 자신의 기분을 어떻게 말로 표현할 수 없을 만큼 좋았다. 나는 나름대로 꿈꿔왔던 삶을 실천하기 위해 책을 좀 구매해서 지인분들에게 생활의 지혜로 응용하도록 무상으로 주었다. 내가 알고 있는 여러 교회에도 주었다. 내가 알고 있는 사찰에도 주었다. 주변 학교에도 주었다. 목사님, 주지 스님, 여러 교장 선생님에게서 전화가 왔다. "좋은 책을 주어 고맙게 유용하게 잘 활용하겠다"고 말씀하셨다. 교회에 책을 전해주러 갔을 때 나 자신을 스스로 돌아보기도 했다. 사찰에 전해주러 갔을 때 나의 삶을 다시 돌이켜보기도 했다. 무상으로 책을 전해주러 여러 학교에 갔다. 초등학교도 갔었다. 중학교도 갔었다. 대학교도 갔었다. 학교에 갔을 때 나는 그 당시의 학생으로 돌아가는 기분이 들었다. 마치 타임머신을 타고 온 것 같았다.

책을 내고 난 후 나의 삶에 엄청난 변화가 생겼다. 상상력이 풍부해지고 무엇이든 할 수 있다는 자신감이 생겼다. 시간 나면 메모한다. 자동차를 타고 가다가 생각나면 신호에 걸릴 때 메모한다. 지하철을 타고 가다 생각나면 메모한다. 사물에 관심이 새로 생겼다. 책도 더 보게 되고 책과 함께 하는 것이 생활화되는 것 같았다. 시간은 누구에게나 똑같다. 부자라고 시간이 많지 않다. 가난한 사람이라고 시간이 없지 않다. 일찍 일어나는 사람이 있는가 하면 늦게 일어나는 사람도 있다. 시간의 활용을 어떻게 하느냐에 달려 있다고 본다. 지금은 모든 사람의 행동이 책의 소재이다. 헐레벌떡 뛰는 사람이 있다. 조금 더 일찍 일어났으면 뛰지 않아도 되는데 하고 생각할 때도 있다. 나 또한 그럴 경우도 있다. 지금은 지하철 객실 안의 좌석이 몇 개인가 세보기도 한다. 버스 좌석도 세본다. 승객이 무엇을 하고 있는지 보기도 한다. 핸드폰으로 무엇을 보는지 궁금해 옆을 보기도 한다. 인터넷 하는 사람, 게임 하는 사람, 주식 하는 사람, 고스톱 하는 사람, 카톡 하는 사람, 친구와 통화하는 사람 등 다 나중의 책의 소재라 생각하고 메모한다. 지금은 또 다른 책을 쓰고자 많은 재료를 모으는 중이다.

2020년 코로나로 전 세계적으로 많은 사람이 피해를 보고 있다. 삶의 터전이던 직장이 없어지고 장사가 잘되던 가게도 폐업하는 등 많은 고충을 토로하고 있다. 하루라도 빨리 마스크를 벗고 예전으로 돌아가 웃고 여행가고 힐링하는 날들이 왔으면 한다. 그날이 오기까지 건강하게 지내야 하지 않을까 하는데 여러분의 생각은 어떠신가?

책을 쓰고 난 후 나의 인생은 많은 부분이 달라졌다. 나 자신뿐만 아니다. 나를 대하는 여러 사람의 시선도 180도 달라졌다. 현재 청소년, 군인, 기업체, 공공단체 등에 나가던 강의를 코로나로 잠깐 멈추고 있지만 얼마 남지 않았다. 나의 커다란 꿈이 완성되는 날이.

나는 훌륭한 스승이라는 큰 나무 아래 큰 신세를 졌다. 큰 나무에는 그늘이 많아진다. 사람들이 붐비고 이야기하고 쉬기도 한다. 많은 책이라는 나무가 생겨나는 스승님의 무궁무진한 발전을 기원한다.

김진호

약력 : 삼성전자 품질관리, 경영혁신, 인사관리, 총무, 홍보, 사회공헌 등 담당
(29년), 경기도청 투자통상자문관, 〈아쿠아마인〉 창업, 미네랄워터 메신
저

저서 : 『물은 건강을 알고 있다』

책을 쓰고
부자 사업가가 되었다

이 세상에는 할 일이 참 많다. 건강, 부자, 행복, 나눔 등을 성취하기 위해 분주하게 살아가고 있다. 그래서 대부분의 사람들은 새벽부터 늦은 밤까지 매우 바쁘게 움직인다. 그렇지만 다른 한편을 살펴보면 하루의 시작을 무엇부터 어떻게 해야 할지 몰라서 힘들어하는 사람들도 있다. 매일 아침에 눈을 뜨는 것이 즐거운 사람은 할 일이 매우 많은 사람임에 틀림이 없다.

일요일 새벽에 맨 처음 일어나는 사람은 누구일까? 아마도 골프장에 가는 사람일 것이다. 쉬는 날 새벽 시간에 달콤한 잠을 떨치고 일어날 수 있는 것은 골프 라운딩의 즐거움에 대한 큰 기대감 때문에 가능하다. 사업을 하는 사람들은 대부분 새벽에 일찍 일어난다. 매일매일 사업이 성장해가고 있음에 대한 기대가 있어 새벽 이른 시간에 일어날 수 있다. 또한, 먼동이 트기 전의 새벽 시간은 대자연의 에너지를 내 몸에 마음껏 받아들일 수 있는 시간이기도 하다.

나는 삼성전자에서 29년간 근무하고 퇴직했다. 그리고 돈을 많이 벌고 싶어 야심 차게 창업을 했다. 그러나 첫 창업은 2년 만에 실패하고 폐업했다. 우리에게 많이 알려진 기업가들을 바라보면서 창업을 하면 모두 성공하는 것으로 생각했지만 그렇지 않았다. 이 세상의 창업 생태계를 너무 모르는 단순함에서 오는 무지였다. 그 이후 첫 창업의 실패를 교훈 삼아서 재창업을 했고 현재는 순항하는 중이다.

재창업 후 전 세계에서 처음으로 '미네랄메이커'라는 제품을 개발하고 출시를 했다. 미네랄메이커는 물을 넣은 후 30분 정도 경과하면 알칼리성 마그네슘 미네랄워터를 만들어주는 기능성 물병이다. 미네랄메이커가 만들어주는 미네랄워터는 마그네슘 함량을 4~5배 증가시킨다. 그리고 물의 성질을 알칼리성으로 바꾸어준다. 게다가 물 클러스터를 작게 쪼개주어 물맛이 좋고 부드러워서 마시기에 편안하다. 또한, 식중독을 일으키는 대장균과 살모넬라균을 살균하고 항균 효과도 있다. 차(Tea)를 우려내면 깊은 맛을 내게 하고 마그네슘 함량도 4~5배 증가한 차를 마실 수 있다. 이렇게 다양한 기능이 있는 미네랄메이커를 고객들에게 한

마디로 설명하는 것이 말처럼 쉽지 않았다.

우연한 기회에 〈한책협〉 김태광(김도사) 대표를 만났다. 그리고 미네랄메이커에 대해 조언을 들었다.

"미네랄메이커는 설명이 필요한 제품입니다. 책을 써서 독자들과 고객들에게 알리는 것이 꼭 필요합니다."

나는 삼성전자에 근무할 때 회사에서 사내 강사 양성 과정 교육을 수료했다. 그때 교안 작성에 대한 교육도 겸해서 받았다. 회사 사원들을 가르치는 직무교육이었지만 품질관리 기법, 사무 개선 활동, 삼성전자 기업문화 이해, 올바른 기업관 정립, 미션과 액션플랜, 진로 멘토링 등 다양한 과목의 강의를 하면서 교안 작성을 많이 했다. 이후에 대학교, 대외기관 등에서도 강의할 기회가 생기면서 강의 교안을 다양하게 작성하는 기회가 있었다. 그 당시에 저자 이름으로 된 책을 써보는 것은 어떨까 하는 생각을 해본 적이 있었지만, 책 쓰기는 시도조차 하지 못했다. 그런데 김도사님은 사업이 아무리 정신 없을 정도로 바빠도 책을 쓰는 것은 꼭 필요하다고 했다. 책 쓰기에 대해 고민이 되었지만 〈한책협〉에서 책 쓰기 코칭을 받고 책을 쓰기 시작했다.

책 쓰기 코칭을 받으면서 많은 노하우를 배웠다. 체계적인 책 쓰기 코칭 프로그램을 통해 많은 작가를 배출해낸 배경을 이해하게 되었다. 그리고 내 삶을 진솔하게 쓰는 것이 독자들에게 진한 감동을 준다는 것을 알게 되었을 때 참 신기하게 느껴지기도 했다. 책 쓰기 코칭을 받은 후 3개월이 채 안 될 즈음 초고를 완성하였다. 그리고 한 달 만에 『물은 건강을 알고 있다』라는 책이 출간되었다. 책을 쓴 기간은 3개월이 채 걸리지 않았지만, 책 속에는 삼성전자 29년의 삶과 창업 후 8년간의 이야기를 담았다.

책을 쓰면서 맨 처음 느낀 것은 "사업을 하려면 사업 아이템을 선정하기에 앞서 책을 먼저 쓰는 것이 필요하다."라는 것이었다. 책을 쓰면서 스스로 추진하고자 하는 사업 아이템에 대해 더 깊이 있는 조사를 할 수 있다. 그리고 사업 추진 방향에 대해 진지하게 고민하면서 닥쳐올 어려운 과제들을 극복할 수 있는 대안을 세워나갈 수 있다. 이렇게 책을 쓰다 보면 현재 나의 의식 수준이 대폭 확장된다. 게다가 사업을 어떻게 하면 성공시킬 수 있을 것인가에 대해 더욱 집중하게 된다. 이어서 잘되는 방법들을 서서히 찾게 된다. 나는 사업을 시작한 지 수년이 지났지만, 지금이라도 책을 쓸 수 있어서 매우 다행스럽고 감사하게 생각하고 있다.

『물은 건강을 알고 있다』를 출간하고 가까운 지인들에게 소식을 전했

의욕 없던 삶이 다시 두근거리는 하루 10분 글쓰기의 힘

다. 그러자 대부분 놀랍다는 반응이었다.

"사업하기에도 바쁠 텐데 언제 책을 썼어?"
"깜놀했다. 대단하다!"
"꼭 구매해서 읽어볼게."
"부럽다. 나도 책을 쓰고 싶다."

『물은 건강을 알고 있다』를 구매해서 읽은 독자들로부터 독서 소감이
전해오기 시작했다.

"공부하는 느낌이라서 좀 지루하지 않을까 생각하며 읽어 내려갔는데,
오~ 재미있어요. 예상이 빗나갔습니다. 재미와 유익을 겸비한 아주 훌
륭한 책이네요. 강추합니다!"
"잠시 짬을 내어 책을 펼쳤는데 순식간에 1장, 2장을 읽게 되었습니다.
개인의 이야기를 오픈해주시니 책과 글에 저도 모르게 맘이 열리는 것을
느꼈습니다."
"그간 삼성전자에서 직장생활이 엄청 험난했음을 이제야 알게 되었습
니다. 정말로 치열하게 살아오셨네요. 재창업한 아쿠아마인 사업이 번창
하길 응원합니다!"

지금까지 뒤를 돌아볼 여유도 없이 앞만 바라보고 열심히 달려왔던 삶이었지만 책을 쓰면서 지나온 시간을 되돌아보게 되었다. 그간에 계획했던 일들을 모두 이룬 것도 아니고 때로는 실패와 좌절도 있었지만, 변함없이 최선을 다해 살아온 나 자신에게 고맙다고 수고했다고 칭찬을 해주었다. 내가 쓴 책이지만 가끔 『물은 건강을 알고 있다』를 읽어보곤 한다. 책을 읽을 때마다 느낌이 다르고 새로운 각오를 다지게 하는 매력과 감동이 있다.

2019년 국세통계연보는 대한민국 전체 근로자 중 연봉 1억 원 초과자가 4.4%라고 발표했다. 나도 삼성전자에서 근무할 때 연봉 1억 원 이상을 받고 직장생활을 했었다. 근로소득 상위 4.4% 안에 들어가는 수준이었다. 그렇지만 연봉 1억 원 이상을 받아도 네이버 인물 정보에는 등록을 해주지 않는다. 네이버 인물 정보에는 한국의 유명인들이라면 모두가 등록되어 있다. 기업에 근무하는 사람은 연봉 수준과 상관없이 임원 또는 경영자가 되어야 네이버 인물 정보에 등재해준다. 그런데 책을 쓰고 출간을 하면 작가로 인정하고 네이버 인물 정보에 등록해준다. 대기업에서 연봉 1억 원 이상을 받는 것보다 책을 한 권 쓰고 출간하면 더 유명인으로 예우하는 것이다.

나는 책을 출간한 후 네이버 인물 정보에 등록할 수 있었다. 네이버 검색창에서 '김진호 작가'로 검색을 하면 저자가 검색되고 저서, 학력, 경력, 수상 등의 정보를 살펴볼 수 있다. 네이버 인물 정보 등록을 하면서 연봉 1억 원의 가치보다 책 한 권의 가치가 더 크다는 것을 알게 되었다. 근로소득 상위자보다 책을 쓰는 작가가 사회적으로 인정받는 것이다.

어느 날 내가 근무하고 있는 아쿠아마인 사무실로 전화가 걸려왔다.

"김진호 작가가 쓴 책을 보니 삼성전자에서 했던 일들이 엄청난 것임을 알게 되었습니다. 김진호 작가가 개발했다는 미네랄메이커를 사용해 보고 싶습니다. 제품 주문 방법을 알려주세요!"

사무실로 전화를 걸어온 독자는 『물은 건강을 알고 있다』를 읽은 후 곧 미네랄메이커를 구매하는 고객이 되었다. 한 권의 책을 통하여 제품에 대한 신뢰도가 더욱 높아지고 있음을 알게 되었다. 책을 출간한 이후부터 미네랄메이커의 고객 주문이 매일 이어지고 있다. 그간에는 간헐적으로 고객 주문이 있었지만 출간한 책을 통하여 미네랄메이커에 대한 이해와 제품 신뢰도가 높아지고 있는 것으로 생각된다. 해외 바이어와 수출 상담 시에도 출간한 책을 소개하고 있다. 최근 해외 바이어와 미네랄메이커 수출 계약이 체결되어 제품 생산을 진행하고 있다. 다른 몇 곳의 해외 바이어와도 수출 상담을 활발히 진행하고 있다.

책을 출간한 이후 미네랄메이커의 매출이 서서히 증가하고 있다. 『물은 건강을 알고 있다』는 현재 대형 인터넷 서점에서 베스트셀러로 자리매김하고 있다. 많은 독자가 관심을 가지고 구매하여 읽고 있는 건강 에세이가 되었다. 책의 독자들은 미네랄메이커를 구매하는 고객으로 바뀌고 있어 매우 감사한 마음이다. 미네랄메이커를 사용하는 고객들은 저자의 몸에 있었던 건강 문제가 대부분 해소되었던 것과 같이 건강 문제가 회복되는 체험을 하게 될 것이다.

이 세상의 모든 일은 기대하고 소망하는 대로 이루어지는 것이 창조섭리이다. 건강해지길 소망하는 사람은 건강해진다. 부자가 되길 소망하는 사람은 부자가 된다. 사람의 뇌에 있는 전두엽은 내가 말하고 소망하는 대로 삶을 이끌어간다. 그래서 항상 소망하고 있는 일은 꼭 이루어진다는 긍정적인 생각과 그렇게 말하는 습관을 가져야 한다. 그리고 스스로의 삶에서 최선을 다할 때 목적한 바를 반드시 이루게 되는 체험을 할 수 있다.

나는 삼성전자에서 오랜 기간 다양하고 전문적인 일을 했던 경험이 있지만, 현재는 창업한 지 몇 년 지나지 않은 사업가이자 초보 작가이다. 그러나 사업 비전은 연간 매출이익 1,000억 원 이상 되는 기업으로 성장하길 소망하는 가운데 최선을 다해 사업 전략을 추진하고 있다. 『물은 건강을 알고 있다』 저서는 100만 부 이상 팔리는 베스트셀러가 되길 소망하면서 마케팅을 하고 있다.

　청년 창업을 준비하고 있거나 인생 이모작을 위한 창업 준비를 하는 중년이라면 우선 책을 쓰자. 책을 쓰면 의식 세계가 매우 넓게 확장된다. 그리고 막연한 창업의 방향이 제대로 보이게 된다. 대한민국의 모든 독자도 책을 쓰고 작가가 되자. 책을 읽는 독자에서 책을 쓰는 작가로 삶을 바꾸면 지금보다 여유 있고 성공적인 삶을 살아갈 수 있게 된다.

김현주

약력 : 자기계발 작가, 동기부여가, 작업치료사, 사회복지사, 10년 간 노인과
아동대상 작업치료사로 근무

저서 : 『내 감정에 잡아먹히지 않는 독서의 기술』, 『버킷리스트25』(공저)

그동안 숨겨졌던
내 모습을 되찾았다

책을 쓴다는 것은 어떤 것일까? 누구나 도전할 수 있는 것으로 생각하는 사람들이 얼마나 될까? 나 역시 책이란 그 분야의 전문가가 써야 한다는 생각이 지배적인 사람이었다.

내 주변에서 책을 쓴 사람은 전공 서적을 집필하신 대학 때 학과 교수님들밖에 없었다. 환경이 사람의 생각을 만든다고 나는 주변에서 보고, 듣고, 경험한 대로 생각하고 산 것이다. 그러다 보니 책이란 한 분야에서 10년 이상 경력이 있고 교수 직함이 있는 분들이나 쓰는 것이라고 굳게 믿었다. 아니면 박경리 작가처럼 대단한 소설가만 작가가 되는 것이라고 착각하고 살았다.

어느 날 문득 접한 책 쓰기에 관한 영상을 시청하던 중 김도사님의 "성공해서 책을 쓰는 것이 아니라 책을 써야 성공한다."는 문구가 내 가슴을 두드렸다. 상식을 완전히 뒤집는 글이 아닌가? 책이란 당연히 성공하거나 전문가인 사람들이 쓰는 것으로 알고 있었는데 성공하기 위해서 책을 써야 한다니! '이게 말이 되는 말인가?'라는 생각에 뒤통수를 한 대 얻어맞은 기분이었다.

다른 삶을 살기를 원한다면 기존의 방식대로 생각하고 살아서는 안 된다는 깨달음에 책 쓰기 관련 영상을 여러 개 시청하였다. 의식의 흐름대로 나는 점점 책 쓰는 것에 관심을 갖게 되었고 드디어 책을 쓰기로 마음먹었다. '생각대로 살지 않으면 사는 대로 살게 된다!' 의식의 흐름, 내 생각을 믿고 마음이 시키는 일을 하기로 한 것이다.

책 쓰기 과정은 꽤 힘이 들었다. 매 순간이 나와의 싸움이었고, 내 생각을 글로 출력하는 과정이 생각보다 쉽지 않았다. 하지만 한 꼭지, 한 장씩 완성될 때마다 나 자신이 대견하고 얼마나 멋있어 보였는지 모른다. '나도 되는구나!'라는 자신감이 생겨났다. 책 쓰기를 배우고 실천하니 한 글자, 한 페이지, 한 꼭지를 완성하게 되고 결국에는 한 권의 책을 집필할 수 있겠다는 확신을 점점 갖게 되었다.

그동안 자존감이 낮았던 나에게 책 쓰기를 통해 얻는 최고의 수확은 자신감 상승이 아닐까 싶다. 자신감은 그 누구도 그 무엇을 통해서도 쉽게 높이기 힘든 영역이다. 책 쓰기 활동을 통해 자연스럽게 올라간 자신감이다. 한 꼭지씩 글을 완성하면서 작은 성공을 여러 번 경험하게 되고 결국에는 책을 출판함으로써 나의 의식은 무엇이든 해낼 수 있다는 의식 확장까지 가능하게 되었다.

'내가 무슨 능력으로 하겠어. 나는 재주가 없어. 나는 못 해, 나는…. 나는….' 이렇게만 생각한 인생이었다. 하지만 더이상 자신의 한계를 짓는 생각과 행동을 하지 않게 되었다. '나도 해볼까? 밑져야 본전인데 한 번 시도해보자.' 그렇게 생각하니 어렵게만 여겨졌던 모든 일이 쉽고 간단해졌으며 도전을 즐기는 인생으로 바뀌었다.

책을 쓰고 독자에서 저자가 되면서 위치만 변한 게 아니다. 내 의식이 변화되니 모든 것이 달라졌다. 최근의 일이다. 책을 출판하고 내 책을 알릴 수 있는 다양한 방법을 생각해보다가 방송 출연이 굉장히 파급력이 크겠구나 하고 생각했다. 우연히 SBS 〈생방송 투데이〉 방송작가에게서 연락이 왔다. 내 책을 보고 개인 SNS까지 꼼꼼히 살펴보신 뒤에 방송 출연 제안을 하셨다. 책과 관련된 주제의 방송은 아니었지만 나를 드러내고 알리는 일이기에 한 치의 망설임도 없이 출연을 승낙하였다. 방송작가는 오히려 나에게 출연을 허락해주어서 감사하다고 정중하게 인사를 하였다. 그리고 퇴근 후 내 책을 샀다며 사진까지 보내주셨다. 말로만 듣던 방송작가와 연락을 하는 모습도 낯선데 더군다나 내 책을 사서 직접 읽는다니 얼마나 감격스러웠는지 모른다. 생전 처음 색다른 경험을 하니 무척이나 설레었다.

책을 쓰고 난 후 가족들도 엄청 좋아하신다. 엄마는 딸이 작가가 되었다며 친척들과 친구분들에게 꽤 자랑하신 모양이다. 지인분들에게 칭찬을 받으시니 엄마도 덩달아서 기분이 좋으신 것 같다. 그동안 못한 효도를 한 것 같아 딸이 된 도리로 무척이나 뿌듯했다. 아버지께서도 은근슬쩍 딸의 책을 직장 동료들에게 소개하신다. 어느 날 친정에 갔다가 무뚝뚝하게 건네신 책값이 든 봉투를 받고는 다시 한 번 아버지의 사랑을 느꼈다. 봉투를 집어 든 나는 금세 코끝이 찡해졌다. 동생이 친구들에게 우리 언니가 쓴 책이라며 소개하고 알리는 모습을 보니 내가 책을 쓰길 잘했다는 생각이 들었다. 나는 책을 쓰고 가족들에게 가문의 영광이 되었다. 우리 집 자랑이라는 표현을 듣게 되었다. 세상에 태어나 이런 표현은 처음이었다. 나로 인해 행복해하시고 즐거워지신 부모님을 보니 더 멋진 딸이 되어야겠다고 다시 한 번 다짐하게 되었다.

작가가 되어 책을 출판하고 내 책을 읽은 후 보내온 독자들의 정성 어린 피드백은 그 동안은 상상해보지도 않았던 멋진 경험이었다. 가장 친한 친구는 나로 인해 자기도 책을 쓰고 싶다는 생각이 들었다고 했다. 그래서 어떤 주제로 쓸지, 어떻게 쓸지도 고민해보았다고 한다. 그래서 일기 쓰듯이 그동안 경험한 내용을 작성해보고 있다고 했다. 친구는 나에게 "너는 선한 영향력을 끼치고 있는 거야."라고 하는데 어찌나 쑥스러웠는지 모른다. '선한 영향력'이란 단어는 왠지 나에게는 과한 표현 같아 어울리지 않는 것 같았다. 대단한 종교 지도자들에게나 쓰일 법한 단어라고 생각했는데 친구가 나에게 그런 표현을 하니 무척 어색했다. 이런 내 모습을 보고 친구는 너무 겸손해하지 말라고 한다.

한 지인도 내가 독서 모임 멤버들에게 엄청난 동기부여가 되었다면서 나를 통해 모두 이 모임에 굉장한 자부심을 느끼게 되었다고 하였다. 이런 엄청난 피드백을 받다 보니 행복하면서도 한편으로는 부담되는 것이 사실이다. 더 잘해야 할 것 같고 그들의 기대에 더 부응해야 할 것 같았다. 그렇지만 이러한 모든 경험이 자신을 발전시키고 성장하는 과정이라고 긍정적으로 생각하기로 하였다.

우리에게 인생이든 공부든 내적 동기가 굉장히 중요하다. 스스로 하고자 하는 동기가 생기지 않는다면 누군가 아무리 사탕발림을 하고 등을 떠밀어도 실행하지 않는 것이다. 책을 쓴다는 것은 자신에게 대단한 동기를 유발한다. 그 모습을 본 주변 사람들도 나를 보고 동기부여를 받는다. 나는 자연스럽게 동기부여가가 된 것이다. 스스로에 대한 자신감 상승과 주변 지인들의 긍정적인 반응, 내 책을 읽은 사람들의 진심 어린 후기는 나를 움직이게 하는 최고의 동기부여이다.

독자들은 저자가 본인의 이름을 정성껏 써서 사인한 책을 소장하였다는 것만으로도 굉장히 소중하게 생각한다. 한 독자는 자기 이름이 적힌 세상에 한 권밖에 없는 책이라며 평생 간직하면서 기쁘거나 슬플 때 내 책을 다시 읽겠다고 하였다. 이런 후기를 읽고 어찌 감동하지 않을 수 있을까? 작가가 되어 내 책을 평생 소장하겠다는 독자를 만나고 보니 '내가 정말 작가가 되길 잘했구나.'라는 생각이 또 한 번 들었다.

누군가에게 도움이 되고 긍정적인 영향력을 끼친다는 것! 이것이야말로 내가 세상에서 내 역할을 제대로 펼치고 있다고 느껴지는 부분이다. 사람들에게 더 좋은 영향력을 펼칠 수 있도록 노력해야겠다는 다짐도 또 한 번 하게 되었다.

누구보다 원하고 노력해서 얻어낸 작가라는 타이틀이다. 책이 출판된 후 나는 내 책을 읽고 독자들에게 조금이라도 도움이 되길 바라는 마음이 무척 컸다. 책을 읽은 사람들은 내가 생각한 것보다 더 정성 어린 후기를 많이 남겨주었다. 책 속 문구를 정성껏 필사하시는 독자, 책을 읽다가 본인 이야기인 줄로 알았다며 소름 돋는다고 하신 독자, 자신의 특별한 재능을 발휘하여 책 속의 문장을 멋진 캘리그라피로 재탄생시키신 독자, 내 책을 읽고 아이들에게 화를 내려다가 다시 참았다는 독자들까지 하나하나 소중하고 훌륭한 분들을 만나니 매 순간이 감동의 연속이다. 내가 작가가 되지 않았다면 느껴보지 못했을 새롭고 황홀한 경험이다.

누군가에게 사인을 해주는 경험 또한 정말이지 새로운 경험이다. 그동안은 작가의 사인이란 나와는 먼 이야기인 줄 알았다. 가깝게는 친한 친구가 지인에게 책 선물을 한다며 책을 5권이나 사와 사인을 요청하기도 했다. 딸아이 친구 엄마들도 내 책을 한 권 들고 와서 사인을 요청했다. 부모님도 지인들에게 선물하신다면서 책에 사인해놓고 가라고 하신다. 그동안 우리는 결제 사인만 하며 살아왔다. 연예인, 운동선수, 정치인, 유명 작가가 아니고서야 사인이란 우리에게 서명 그 이상도 그 이하도 아닌 특별하지 않은 행위였다. 나 역시 그랬었다.

내 책에 누군가를 위해 정성껏 사인한다는 것은 정말이지 가슴 떨리고 손 떨리는 일이다. 사인한 책을 받아들고 한 지인은 "작가 사인은 이런 거야~" 하며 딸 아이에게 내가 사인한 책을 펼쳐 들고 이야기해주기도 했다. 작가가 책에 사인해주는 것을 아주 특별하게 생각하는 사람들이 많다는 것에 무척이나 놀랐다. 물론 나도 저자에게 사인을 받을 때 무척 떨리고 특별하다고 생각했지만 그런 경험을 직접 해보니 정말 특별했다.

나의 보통의 행동과 말도 "작가라서 그런가?"라는 표현을 들을 때 '내가 특별한 존재가 되었구나.'라고 느껴졌다. 요즘 나의 머리와 가슴속은 특별한 사람이 되어서 특별한 삶을 살아야겠다는 생각과 느낌으로 가득하다. 이 세상 사람들 누구나 모두 특별한 존재이다. 유일무이한 소중한 존재들인데 다들 자기 자신을 평범하다거나 하찮은 존재로 치부하며 살아가는 사람들이 많이 있다. 나도 낮은 자존감으로 한때 우울했던 적이 있었다. 내가 할 수 있는 것보다 할 수 없는 것들만 생각하며 살았었다. 하지만 책을 집필하고 출판하면서 나의 내면과 의식은 말할 수 없을 정도로 풍요로워지고 많이 성장하였다.

긍정적인 마인드, 발전적인 미래만 생각하는 변화된 나 자신을 만나게 되었다. 도전을 두려워하지 않고 생각을 바로 실천하는 에너지 넘치는 나로 변화하였다. 그런데 다시 한 번 생각해보니 나는 변한 것이 아니라 수십 년간 내면에 감추어진 진정한 나의 모습을 재발견한 것이다. 책을 쓰고 자아를 되돌아보는 시간을 갖게 되면서 '나는 원래 이런 아이였구나.'를 다시 한 번 깨닫게 된 것이다. 원래 나는 당당하고 자신감 넘치는 아이였다. 하지만 스스로에게 한계를 지우고 소심하고 내성적인 아이로 포장하며 살아온 것이다. 나는 지금에서야 그동안 잠자고 있던 진정한 자아를 드디어 깨웠다. 이제는 자신감 넘치는 소중한 자아가 다시 잠들지 않도록 스스로에게 칭찬과 격려를 아끼지 않아야겠다.

김효원

약력 : 할리우드 영화와 팝송에 빠진 어린시절을 보냄, 영어, 한국어 전공, 영
어교육학 대학원 과정 공부 중, 실제 사용 가능한 영어, 지속 가능한 영
어공부를 목표로 공부방과 도서관에서 영어의 즐거움을 알려주는 선
생님

저서 : 『버킷리스트26』(공저)

내가 소중해지는 시간을
경험했다

    나는 평범한 주부다. 아이가 세 명이다. 남들처럼 직장에서 일해본 적도 없다. 프리랜서로 영어를 가르치는 강사다. 일을 시작한 지 2년이 되어간다. 뭐가 그리 급했는지 대학을 졸업하기도 전에 결혼했다. 내 나이 25살이었다. 아이도 세 명이나 낳았다. '집사람'으로, '엄마'로 살아온 삶도 그렇게 나쁘지는 않았다. 최선을 다했기 때문에 후회도 없었다. 정말 그런 줄 알았다.

    책을 써볼까? 용기를 내었다. 그러자 내 머릿속의 목소리 이렇게 말했다. '내가 무슨 책이야. 나같이 평범한 사람이 쓴다고 누가 읽어나 줄까? 사람들이 비웃을 거야.' 자라면서 사람들이 했던 말들이 내 머릿속에 고장 난 테이프처럼 계속 재생되었다. 책을 쓰면서 깨닫게 되었다. 내가 무의식적으로 이런 부정적인 평가를 되뇌고 있었다는 사실을…. 이런 말들에 순응하며 살아갈 때는 문제가 없었다. 특별하지 않게, 남들처럼, 그저 그렇게 사는 데 최선을 다했기 때문이다.

가족들에게도 책 쓰는 일을 숨겼다. 가족들의 반응이 두려웠다. 무시라도 당하면 포기하고 그만둘 것 같았다. 내가 작가가 될 수 없으리라 생각했다. 그동안은 나의 안전지대에서만 용기를 내는 척했다는 것을 몰랐다. 그래서 결과를 낼 수 없었다. 열심히 했는데 왜 되는 일이 없는지 답답하기만 했다. 그래서 이번에도 실패할까 봐 너무나 두려웠다.

나는 이제 당당하게 SNS에 작가라고 말한다. 내가 작가가 되었다는 사실에 의심이 없기 때문이다. 자비로 출판하는 사람이 아니라 계약금을 받고 출판하는 정식 작가 말이다. 가족들에게도 이야기했다. 억지로 선언한 것도 아니었다. 나도 모르게 술술 입에서 튀어나왔다.

"나 계약금 받고 출판하는 작가 될 거야. 내 돈 들여서 출판하지 않을 거야."

말 그대로 두 달 안에 내 이름으로 책이 출간될 것이다. 미쳤다고 해도 괜찮다. 진짜로 일어날 일이다.

의욕 없던 삶이 다시 두근거리는 하루 10분 글쓰기의 힘

자기계발을 하는 사람들은 대부분 책을 읽는다. 책을 읽으면 인생이 바뀐다고들 한다. 어떤 사람은 만 권을 읽는 것이 목표다. 천 권을 읽고 우울증을 극복했다는 엄마도 있다. 어떤 사람은 고전을 읽어서 인생의 해답을 얻었다고 한다. 또 어떤 사람은 책을 읽고 돈 버는 방법을 터득했다고도 말한다. 이렇게 중요한 책 읽기를 빨리하고 싶은 사람들에게 누군가는 속독법을 가르치기도 한다. 많은 사람이 책 읽기가 자기 계발하는 방법의 하나라고 생각한다.

나도 자기계발을 위해 책을 꺼내 들었다. 인생에 답을 찾고자, 방황을 멈추고자 책을 읽었다. 사실은 남들이 좋다고 하니까 시작한 일이다. 지푸라기라도 붙잡는 심정이었다. 둘째 아이에게 모유 수유를 하면서 본격적으로 책을 읽기 시작했다. 삶이 나아졌으면 하는 소망이 마음에 가득했다. 새벽에 일어나 책을 펼쳤다. 새해 목표로는 언제나 1년에 읽을 책 권수가 포함되었다. 책 내용을 인쇄하여 집 곳곳에 붙여놓았다. 공책에 정리하며 책을 읽었다. 밥을 먹으면서도 읽고 화장실에서도 읽었다. 사실 나는 육아와 집안일을 하면서 받은 스트레스를 책으로 풀었던 것 같다. 그래도 책이 있었기에 힘들었던 시기에 많은 위로를 받았다. 그리고 삶을 잘 사는 지혜들도 얻었다.

책으로 내 삶이 조금씩 변하는 것을 경험하고 나니 다른 꿈이 생겼다. 삶의 역경을 이겨내고 다른 사람에게 희망과 꿈을 주는 강연가가 되고 싶었다. 책 한 권 정도 출간하는 작가가 되어보면 어떨까 그려보기도 했다. 하지만 솔직히 내 분수에 맞지 않는 꿈 같았다. 내 존재가 우주의 먼지보다 못한 것 같이 느껴졌다. 사람들의 비웃음을 받을 것 같았다.

여느 날처럼 한 유튜버에 대해 조사 아닌 조사를 하고 있었다. 정보를 찾고 글을 읽는 중에 〈한책협〉 카페에 들어갔다. 유튜브에서 봤던 코치님이 운영하는 카페였다. 이전에도 책 쓰기를 알려주는 곳이 존재한다는 것은 알았다. 하지만 내 이야기로 와닿은 적은 없었다. 소망만 품었을 뿐이었다. 하지만 〈한책협〉은 달랐다. 정말 이상했다. 내 속에 꿈틀대는 무언가를 자꾸만 건드렸다. 정말 이뤄지기 바랐지만 밀어놓고 포기했던 꿈이었다. 나에게 맑은 거울을 쓱 가져와서는 나를 비춰주는 것 같았다.

'성공해서 책 쓰는 것이 아니다. 책을 써야 성공한다.'라는 말은 〈한책협〉에서 처음 들었다. 실제로 그곳을 통해 책을 써서 1인 창업가의 길을 걷고 있는 사람들이 많다. 카페에 올라온 글을 읽으며 한동안은 정신이 혼미했다. 별나라 이야기 같아서 사기인 줄 알았다. 내가 사기를 당하느냐, 마느냐를 판단하고 있었다. 나는 지금까지 사람을 돕는 데 이렇게 진심인 사람들을 만나본 적이 없다. 대부분은 다단계나 교회 사람들이었다.

〈한책협〉의 대표인 김태광 코치님은 사람들에게 김도사라 불린다. 왜 사람들이 김도사님에게 인생의 조언을 구하고 부자 되는 법을 묻는지 이제는 안다. 이름에 맞는 삶을 실제로 살고 계신 분이다. 내가 인생을 살면서 누구에게도 들어보지 못한 가르침을 주고 계신 분이다. 그리고 사람 안의 보석을 밝게 빛나게 만들어주시는 분이다. 한 사람의 인생에 희망을 주고 자유롭게 살도록 돕는 일은 돈으로 매길 수 없는 일이다. 너무나 아름다운 일이다. 숭고한 작업이다.

김도사님의 저서 『150억 부자의 부의 추월차선』에 이런 내용이 있다.

"첫째, 세상에 태어날 때부터 글을 잘 못 쓰는 사람은 없다. 둘째, 모든 사람의 내면에는 보석보다 더 귀한 지적 자산들이 있다. 셋째, 책만 읽는 사람은 평생 책만 읽지만, 책을 쓰는 사람들은 평생을 코칭과 강연 등으로 자신의 지식과 경험, 깨달음을 전하며 최고의 삶을 산다. 넷째, 세상에는 더 빨리 성공하고 부자가 되는 길이 존재한다. 다만 대부분의 사람들은 대중이 가는 길을 따라가기 때문에 보지 못할 뿐이다."

이처럼 책 쓰기는 위치를 바꾸는 작업이다. 그래서 내 생각도 뒤집혀야 한다. 의식이 완전히 뒤바뀌어야 가능하다. 평생을 독자로, 소비자로 살던 사람이 저자와 생산자의 삶을 살려고 하니 쉽다면 거짓말이다. 나도 여전히 생각과 의식을 바꾸려고 부단히 노력하고 있다.

나는 훗날 아이들에게 체념 섞인 목소리로 이렇게 고백하고 싶지는 않다. 상상도 하기 싫다. 내가 그렇게도 되고 싶지 않았던 그 '어른'이 된다는 것은 너무나 끔찍한 일이다.

"인생 별거 없다. 그냥 운명에 거스르지 말고 되는 대로 살다가 가는 거야. 아등바등할 거 없어. 결혼해서 자식 낳고 자식 잘 키우면 그걸로 된 거야."

나는 정말 그렇게 살고 있었다. 마음은 아니었고 열정도 다른 곳으로 흘렀지만 말이다. 아내로서, 엄마로서, 며느리로서 살았다. 사람들이 원하는 인생을 위해 내 소중한 시간을 쏟고 있었다. 누구도 원망할 수 없다. 다들 그렇게 살고 있었으니까. 누구도 내 인생이 소중하다는 것을 가르쳐주지 않으니 몰랐다. 내 주위에는 '다 이렇게 사는 거야!' 체념하고 포기하며 살도록 이야기하는 사람들이 더 많다.

그런 내가 지금 책을 쓰면서 남의 눈치를 안 보게 되었다. 내 생각과 감정에 당당해졌다. 나의 편이 되었다. 갑자기 왜 이런 일이 생겼는지는 잘 모르겠다. 뻔뻔함까지 생기니 약간 사기꾼 같은 소리도 하고 있다. 나는 보이는데 사람들에게는 안 보이니까 그렇다.

책을 쓰면서 내 30년 과거를 돌아보았다. 김태광 코치님이 책에서 말한 '보석'이 내 눈에도 보였다. 내 삶 속의 진귀한 '교훈'이 보였다. 내 삶도 꽤 반짝반짝하다는 것을 알게 되었다. 나라는 존재가 너무나 소중해졌다. 내가 나의 편이 되었다.

남이 무시하면 무시당할 만하다고 여겼던 나였다. 화는 났지만 제대로 대응할 수가 없었다. 하지만 이제는 다르다. 내 삶의 가치는 내가 정하는 것이다. 내가 나를 비싼 명품이라고 생각하면 된다. 내 인생은 충분히 그럴 만한 가치가 있다.

어릴 때부터 들어온 말이 있다. '좋아하는 일 하면 돈 못 벌어. 돈 때문에 좋아하는 일도 싫어진다더라.' 여러분 주위에는 자신이 하고 싶은 일을 하며 경제적인 자유를 누리는 사람이 몇이나 되는가? 내 주위에는 그런 사람이 없다. 그래서 내 삶도 비슷했을 것이다. 자신이 행복한 일을 하면서 경제적으로 풍요롭게 살 수 있는 세상이 있다는 것을 책으로만 봤지 실제로 본 적은 없었다. 아마 상상도 하지 못했을 것이다.

나는 이제 더는 아이들의 엄마로만 나를 정의하지 않는다. 내 인생의 주도권을 찾았다. 내 인생의 가치를 발견했기 때문이다. 나를 위한 시간이 없다고 생각했지만 사실 원하면 시간은 만들 수 있다. 나는 이 정도밖에 안 된다고 스스로 규정했던 것이 문제였다.

투자 가치 없는 일에 너무 많은 시간을 쏟았다. 사소한 일에 울고 웃었다. 책을 쓰고 내 인생에 집중하다 보니 세상이 달리 보인다. 나와 완전히 친구가 되었다. 무시하고 외면하는 친구가 아니라, 나를 응원하고 사랑해주는 친구 말이다. 나와 함께하고 싶어서 견딜 수가 없는 그런 친구가 되었다.

자신이 소중하지 않다고 말하는 사람은 본 적이 없다. 그러나 삶을 들여다보면 안다. 자신을 진정으로 소중하게·여기며 사는 사람들은 그렇지 않은 사람들과 다르다. 남들이 말하는 가치를 맹목적으로 좇아가지 않는다. 자신이 원하는 게 무엇인지 안다. 그리고 그것을 쟁취하기 위해 행동한다. 자신의 행복에 투자한다. 자신의 가치에 투자한다. 이기적으로 보일지라도 내가 원하는 것을 한다. 절대 이기적이지 않다. 결국은 그 행복이 주위에 선한 영향력을 끼칠 것이기 때문이다. 그리고 누구에게나 착하게 굴지 않는다. 절대 착하게 살아서는 안 된다. 사람들의 평가에 목숨 걸지 않는다. 내가 원하는 것을 하며 사는 인생이 너무나 행복해서 그렇다.

나는 이제 아이들을 학교, 유치원, 어린이집에 보내고 커피숍으로 향한다. 나를 만나는 시간이다. 컴퓨터를 켜고 나의 목소리를 듣는다. 나의 과거를 다시 들여다보고 보석들을 주워 담는다. 다른 사람들의 목소리는 다 거짓말이었다는 것을 알게 된다. 내가 내 눈으로 보는 내가 진짜라는 것을 알았다. 뿌옇던 거울 속에 내가 보인다. 강연가인 나, 에너지 넘치는 나, 자유로운 나, 당당한 나, 유쾌한 나의 모습이다.

책을 쓰는 일은, 내 책을 읽는 것은 혁명이다. 내 삶의 주인공으로 살아가면 인생을 보는 시선이 바뀐다. 책으로 나의 인생을 재조명할 때 비로소 내 인생은 가치가 있다. 누구도 말해주지 않았던 소중한 내 인생이

의욕 없던 삶이 다시 두근거리는 하루 10분 글쓰기의 힘

이제야 발견되었다. 책 쓰기는 나와 만나는 시간이다. 잘 살아냈음을 인정해주는 시간이다. 경험을 통해 배운 것들을 잘 닦아 전시하는 시간이다. 작가가 된 나는 이제 위치가 바뀌었다. 이제는 남의 이야기만 읽으며 인생을 허비하지 않는다. 내 삶을 제대로 보니 알게 되었다. 나는 참 소중한 사람이라는 것을.

김희정

약력 : 직장맘이자 작가, 엄마, 사회생활 23년차 서비스관련 업무, 롯데마트 5
년 서비스매니저 오픈조장, 현재 CV파트너스의 10년차 콜센터 근무,
상담업무, 엄마들의 육아코치로 활동

저서 : 『엄마와 초딩 아들 셋이 함께 떠나는 여행 육아』

치유하고 비워내고
내 안의 힘을 발견하게 되었다

    내가 어릴 적, 6학년 10반 초등학교 교실에 여자아이 한 명이 앉아 있다. 선생님이 발표할 사람을 찾는다. 우리 반에서 덩치가 제일 큰 내 짝 정희가 '저요!' 하고 손을 들고 벌떡 일어나서 자기 의견을 말한다. 나는 손을 들고 발표하는 정희가 신기하고 부러웠다. 초등학교 시절을 추억해 보면, 6년 내내 반에서 존재감 없이 있는 듯 없는 듯 대개 소심하고 조용하고 남 앞에 나서려 하지 않는 아이를 다들 한 명쯤 떠올릴 수 있을 것이다. 나는 그런 아이였다.

    타고난 성격과 기질이 바뀌지 않듯이, 가정환경을 내가 택해서 살아온 것이 아닌 것처럼, 내가 이렇게 소심하고 남 앞에서 말하기를 잘하지 못하는 데에는 '아이고 우쭈쭈' 해주는 부모가 없었던 영향도 컸다. 자기 의사 표현을 잘하고 긍정적인 아이들은 대부분 부모가 집에서 그만큼 아이들에게 사랑으로 감싸며 아이의 말을 잘 들어준다. 그러니 아이는 '오늘 이런 일이 있었는데 말이야' 하면서 한없이 조잘조잘대며 자신에게 공감해주는 부모에게 자신의 일상을 털어놓는다. 그러나 나에게는 그렇게 묻고 들어주는 부모가 없으니 뭐든 혼자서 해야 했다. 그래서 나는 누구에게 묻는 것을 잘 못한다.

친아버지는 많이 아프셨다. 사람이 아프다는 것은 신체가 병이 들어 아픈 것이 있고, 우리 친아버지처럼 정신이 아픈 사람도 있다. 자상하고 조용하고 가정적인 아빠였다. 나는 기억하지 못하는 어린 시절의 일이지만, 엄마가 디스크에 걸려 꼼짝없이 누워서 아팠을 때 몇 개월 동안 똥오줌을 다 받아냈다고 하니 얼마나 착하신 분인가! 내가 기억하는 나 어릴 적의 아빠는 맛있는 찌개도 손수 끓여주시고 중2 가정 선생님 가정 방문 때 따뜻한 커피 한잔을 타주실 정도로 참 자상하셨다.

그러나 아빠에게는 중학생 때부터 생긴 지병이 있었다. 일명 조현병이었다. 한 번 정신 이상이 오면 밤에 오빠가 잘 듣던 테이프를 갈기갈기 찢어 바닥에 던져 부수고, 어린 여자아이를 발가벗겨 집 밖으로 쫓아내고, 뒷집 아저씨와 실랑이하다 식칼을 들고 싸우는 아빠의 모습에서 나는 항상 불안감을 느끼고 있었다. 지금도 범일동 산복도로에서 어린 시

98
의욕 없던 삶이 다시 두근거리는 하루 10분 글쓰기의 힘

절을 생각하면 항상 불안했던 그 시절의 밤이 생각난다. 어린 시절 제일 중요한 부모와의 관계, 특히 나와 아빠와의 관계로 인해 자라면서 내 안의 나를 사랑하는 힘이 부족해졌다는 것을 깨닫게 되었다.

대부분 남모를 인생사 한 곡절은 가지고 있을 것이다. 그러나 수많은 시련들이 나한테 내리는 신의 벌인지 아니면 벌을 가장한 성장 에너지인지, 인생을 많이 살지는 않았지만 나는 남들 한 번 겪을 인생의 대소사를 여러 번 겪으며 살아왔다. 그것도 내 복이려니, 내 인생이려니 하고 생각하기로 했다.

인간의 고통 중에 제일 중요한 것이 죽음이 아니겠는가! 살아 있기에 옆 사람, 내 가족과 말을 하고, 보고 싶으면 볼 수 있다. 대부분의 사람들은 한 번 태어나서 죽을 때는 나이 들어 죽을 것이라고 생각하며 산다. 그러나 내 주변 사람들은 그렇게 순수하게 죽지 않았다. 주변에서는 불시에 갑자기 죽음이 닥치니 나는 죽음은 언제든지 일어날 수 있는 일이라고 생각하게 되었다.

나에게는 눈이 크고 얼굴도 이쁘고 착한 여동생이 있었다. 나와 매일 같이 붙어 인형 놀이를 하던 내 동생 이름은 은정이다. 지독히도 가난하던 시절, 아픈 아빠의 부재, 엄마의 경제적 벌이로 바빴던 어린 시절에 오빠, 나, 동생 은정이는 항상 동네에서 여러 가지 놀이를 하며 지냈다.

우리는 동네 친구들하고만 놀았다. 처지가 비슷하니 나를 드러내고 내 집을 드러내어도 괜찮고 부끄럽지 않으니까, 학교 친구들에게조차 우리 집에 놀러오라고 말하지 못하니까 말이다.

그런 동생이 옥상에서 떨어지고 교통사고를 당하면서 머리에 충격이 있었던 것 같다. 동생이 뇌종양이라는 병을 진단받았다. 내가 5학년일 때였다. 의사가 초등학교 3학년을 넘기지 못할 것 같다고 했는데, 그 말 대로 동생은 얼마 후 하늘나라로 갔다. 여느 때와 다름없이 학교 갔다 돌 아오니 집 앞에 상가 등이 있었다. 뭔가 이상했다. 큰방 안에 밤색 나무 관이 있었다. 나는 소리 내서 울지 못하고 화장실에 가서 울었다. 남 앞 에서 내 약한 모습을 보여주기가 싫었던 것 같다. 동생은 죽기 전 매일 작은방에서 토했고 그 냄새로 가득한 방 안에서 혼자 떠나기가 싫었던 것일까? 아니면 그 마지막 밤은 아빠의 사랑이 그리웠던 것일까? 죽기 전날 밤 아빠한테 같이 자자고 했다고 한다.

'여자의 인생이란 참…. 한 번의 결혼으로 책을 쓸 수 있겠구나.' 하는 사람이 있다. 우리 엄마이다. 20대 누구보다 젊고 아름다웠을 꽃다운 나 이에 친척 언니의 중매로 올린 결혼으로 아픈 남편과 자식의 죽음, 그리 고 재가한 남편의 죽음을 겪어왔다. 사실 나는 엄마의 인생의 모든 아픔 이 결혼으로부터 이어졌던 것 때문에 결혼하려는 생각도 없었다. 어떠한 사람을 만나느냐에 따라 그 생각은 달라질 수도 있었겠지만 말이다.

햇수로 5년 전 일이다. 나에게는 낳아준 아빠가 있지만 거의 병원에만 계셔서 생각나는 것이 별로 없다. 그래서 사실 첫 아빠보다는 내가 중3 때 엄마와 재가한 새아빠가 더 고맙다. 새아빠는 피 한 방울 안 섞인 오빠와 나를 많이 사랑해주셨다. 따뜻한 아빠였다. 아버지, 아빠라고 불러 드리지 못하고 아저씨라고 불렀던 나의 새아빠이다. 참 건강하시고 책을 늘 가까이하시는 새아빠였다. 새아빠는 젊은 시절 공부를 잘해 철도 기관사를 하셨다. 나는 엄마와 20년 이상 새아빠의 고향인 산청을 오가며 매일 고기 잡고, 나물 캐고, 물가에서 놀았다. 회사에 다니면서도 나는 엄마, 새아빠와 시골에서 놀고 엄마가 좋아하는 찜질방을 가는 게 좋았다.

그런 아빠가 어느 날 일하시다 몸살 기운이 있다고 병원에 가는 일이 있었다. 아빠가 대학병원 응급실에 입원하셨다고 엄마가 전화를 하셨다. 그냥 아프고 말겠지 했는데 엄마는 우리에게 연락하기 전 중소 규모 병원에서는 치료하지 못하니 대학병원으로 가라는 말을 들으셨다. 많이 피곤하셔서 몸에 이상이 오셨나 하고 대수롭지 않게 생각하고는 개금 백병원 응급실에 갔다. 아빠가 병상에 앉아 계셨다. 겉이 멀쩡해서 '많이 아프지 않으셔서 다행이구나' 생각했다. 그러나 아빠 몸에서는 서서히 장기를 녹게 하는 폐혈증이라는 병이 이미 막바지를 향해 가고 있었다. 겉으로는 잘 앉아 계시는 것처럼 보이지만 아빠의 폐는 이미 다 녹아 없어져 숨 쉬기가 아주 힘들 정도였고, 아빠는 피똥으로 죽어가고 있었다. 언제 심

101

정지가 올지 모르니 아빠가 죽기 전까지 엄마와 오빠와 나는 병원 근처에서 대기했다. 나는 그동안 대수롭지 않게 생각했던 폐혈증이라는 병을 그때부터 계속 검색했다.

그러다 어느 날, 출근해서 일하고 있는데 엄마로부터 전화가 걸려왔다. 아빠가 오늘 밤을 못 넘기실 것 같다고 의사가 말했다고 했다. 나는 팀장님께 보고하고 병원으로 갔다. 전화 속 엄마의 울음소리를 들으니 너무 마음이 아팠다. 나는 하염없이 울면서 병원으로 갔다. 내가 일하는 서면은 번화가라 유동인구가 많다. 하지만 사람들의 시선이 신경 쓰이지 않았다.

중환자실에 갔을 때 아빠는 이미 숨쉬기가 힘들어 마취약을 받고 잠든 모습이었다. 의사는 피 수치를 보면서 체크하고, 연명치료 거부에 서명하게 하고, 침대에서 사망 시간을 말했다. 아빠는 그날 그냥 자는 듯이 사망했다. 중환자실이 비워질 때까지 응급실에서 본 것이 아빠의 마지막 모습이었다. 입원에서 사망까지 딱 일주일 걸렸다. 나는 그렇게 또 한 번 사랑하는 사람을 떠나보냈다.

최근에는 엄마같이 잘해주었던 외숙모가 일하고 와서 뇌졸중으로 갑자기 화장실에서 쓰러졌다. 외숙모가 내 눈앞에서 차디찬 시신이 되어 입관되고 한 줌의 재로 나오는 모습을 보면서 사람의 생명이란 게 참 알 수 없구나 하고 느꼈다.

힘든 어린 시절을 겪은 나는 생계를 위해 일만 하고, 만나는 사람도 일로써 만나는 사람이 대부분이었다. 외롭고 힘들 때 책을 보며 위로받고 살았다. 책을 쓰게 되면서는 과거를 회상하며 내 안의 힘들었던 그 시절의 아픔을 쏟아냈다. 눈물이 났다. 세상에 좋고 따뜻하고 자상한 아빠가 많은데 왜 나는 병이 있는 아빠를 만났을까? 그리고 내가 좋아하고 사랑했던 아빠는 왜 그렇게 갑자기 내 곁을 떠나게 되었을까? 왜 우리 집은 그렇게 가난할 수밖에 없었을까? 그 과거를 회상하며 나한테 지금 말을 건넨다. '참 힘들었겠구나. 참 사랑받고 싶었겠구나. 참 산다고 고생 많이 했구나.'라고 말이다.

사람들은 자기의 시선으로 사람을 대한다. 내 아픔을 속 시원히 누가 들어줄까? 나를 진심으로 공감하고 위로해줄 사람이 과연 몇이나 될까? 내가 누구한테 내 가정사와 내 아팠던 불우한 환경을 말을 할 수 있을까? 나를 바라보는 남들의 차가운 시선을 견딜 힘이 부족했다.

그래서 나는 글을 쓰면서 스스로에게 말한다. 그동안 힘들었을 아픔들을 토해내고 비워내라고, 그리고 계속해서 비우라고…. 과거를 회상하며 불우했던 나를 위로하면서 실컷 울라고, 내가 그동안 남 앞에서 말하기가 그렇게 힘들었던 것은 나를 사랑해줄 내 안의 힘이 부족했기 때문이었다고, 내가 그 상처들을 견딜 만큼 나를 사랑해줄 온전한 부모가 없었던 것뿐이라고, 그래서 누구보다 열심히 치열하게 살아왔고 견뎠으니 이제 누구보다 강인한 엄마가 되어 세 아이를 키워내라고, 내가 받지 못한 사랑을 아이에게는 다 주라고, 받지 못한 사랑을 남에게 다 주라고, 내면에 사랑이 많은 사람으로 살라고 말이다.

지독히도 가난했고, 40대 인생 중반 무려 사회에서 아홉 가지 일을 하며 살아내고 있으면서도, 이다지도 생계를 걱정하는 것은 다 내 안의 가난한 의식이 나를 지배하고 있었기 때문이다. 매일 절약하는 엄마의 습관, 조금이라도 더 아끼는 데 집중했던 엄마의 마인드 때문일 것이다. 정작 제일 중요한 나 자신에게 매일 싼 것, 행사하는 것들만 사주고 제대로 된 옷 한 벌 사주기가 왜 이리 힘이 드는지….

글을 쓰고 흘리는 이 눈물의 원인은 불우했던 환경 때문이지 내가 선택한 것 때문이 아니었다고, 그동안 힘들었을 나에게 잘 살아왔다고, 이만큼 세상을 치열하게 살아온 사람은 없다고 스스로 위로하고 용기를 준다. 그리고 이제부터라도 남이 아닌 자신을 마음껏 사랑하라고, 그래야 다른 사람도 다 나를 사랑한다고 말해준다. 정작 가장 중요한 나를 사랑하지 않는데 과연 누가 나를 사랑한단 말인가! 그동안 좋은 것 한 번 받지 못했던 자신을 위해 예쁜 옷도 사주고 행복한 것들은 다 누리라고 말해준다. 겪어보지 않았는가! 어제 '안녕' 하는 사람이 오늘도 꼭 '안녕'이라고 인사하지 않는다는 것을. 내가 누리는 현재의 모든 것이 다 나를 기다려주지 않는다.

의욕 없던 삶이 다시 두근거리는 하루 10분 글쓰기의 힘

나를 사랑하고 가족을 사랑하는 힘은 스스로 키워야 한다. 누가 내 의식을 지배하지 않는 것처럼 내가 나 자신을 가장 잘 아는 것이 무엇보다 중요하다. 내 삶에서 책이 위안이 되었던 만큼 책을 쓰면서 나 또한 누군가에게 위안이 되니 글쓰기의 힘은 실로 대단하다. 책을 쓰는 이유는 나를 가장 잘 알기 위함이다.

남윤용

약력 : 〈한국세일즈마케팅연구소〉 대표, 마케팅&브랜딩 컨설턴트, 동기부여
강연가, 직장인 자기계발 강연가, 대기업 임원 출신으로 마케팅전문가,
인생2막을 고민하는 많은 40~50대들에게 희망을 전하는 인플루언서
저서 : 『결국 고객은 당신의 한마디에 지갑을 연다』, 『버킷리스트25』(공저)

인생 2막, SNS 인플루언서의 삶이 시작되었다

회사에 충성⑦하며 살았다. 회사생활한 지 27년이 되었다. 몇 년 전부터 같이 입사했던 동기들이 비자발적으로 회사를 나가기 시작했다. 물론, 10여 년 전에 자기 사업할 거라고 퇴사한 동기들도 있다. 퇴사라는 말이 막연한 이야기로 들렸다. '나중에 어떻게 되겠지'라는 생각은 아니었지만, 너무 회사에 올인했다는 것이 변명 아닌 변명이다. 코로나19로 매우 힘든 시기를 지나고 있다. 어려운 사회적인 분위기로 인해 40대 중년 남성들도 힘들지만 50대 중년들은 더 힘들다. 다가오는 정년 퇴직이 걱정되고 퇴직 후 마땅한 일자리를 얻기도 쉽지 않기 때문이다. 또한, 생활비 걱정에 길어진 수명까지 더해져 노후 걱정도 해야 한다.

인생 후반전, 인생 2막을 준비해야 할 때다. 이런저런 생각에 지난 12월 초 혼란스러운 머리를 식힐 겸 영등포에 있는 쇼핑몰에 갔다. 교보문고에서 책 쇼핑을 했다.

책의 제목들이 눈에 꽂힌다. 『프리랜서 시대가 온다』, 『직장이 없는 시대가 온다』, 『노마드 비즈니스맨』, 『소득의 미래』, 『새로운 미래가 온다』, 『스마트한 성공들』 등 직장생활 이후의 삶에 대한, 인생 제2막에 대한 현실적인 고민 때문에 이런 제목들이 눈에 들어오는 걸까? 책에 모든 답이 있다는 생각으로 몇 권의 책을 구입했다.

이런 생각에 몰두하고 있을 때 운명 같은 만남이 있었다. 작년 12월 초 〈한책협〉을 알게 된 것이다. 〈한책협〉의 책 쓰기 과정을 이수하면서 책 쓰는 법을 배웠다. 과제로 〈한책협〉 김태광 대표의 『150억 부자의 부의 추월차선』, 『내가 100억 부자가 된 7가지 비밀』, 『부와 행운을 끌어당기는 우주의 법칙』을 읽게 되었다. 그는 책을 쓰고 작가가 되어 브랜드를 높이고 강연가, 1인 기업 창업가가 되라고 했다. 그래야만 진정한 경제적 자유를 얻고 자신이 원하는 삶을 살 수 있다고 했다. 이런 메시지는 나에게 시기적절하게 다가왔다.

'노동의 미래'는 어떨까? 먼 미래의 이야기가 아니라 이미 '1인 기업', '프리랜서' 등이 현실이 되었다. 앞으로 정형화된 직장은 존재하지 않을 것이라고 말한다. 앞으로 탁월한 사람들은 원하는 시간에 원하는 일을 선택해서 일하게 될 것이다. 사람들 대부분은 원하지 않는 아르바이트 형태의 일들을 많이 할 것이다. 과거와는 너무 다른 격변기를 보내고 있다. 기업 환경도 냉혹해졌다. 그런 만큼 50대인 나도 새로운 삶을 살기 위해 이제 인생 2막을 준비해야 한다. 인생 2막 준비를 위해 마케팅 관련 책을 쓴 것이다.

나의 인생 2막은 어떻게 할 것인가? 1인 창업가가 답이다. 성공해서 책을 쓰는 것이 아니라, 책을 써야 성공한다는 〈한책협〉 김태광 대표의 조언대로 책을 썼다. 마케팅 관련 책이다. '세일즈 현장, 판매 접점 부분에서 퍼스널 브랜딩을 어떻게 할 것인가?'에 대한 내용이다.

디지털 노마드로 살 것인가? 인프라 노마드로 살 것인가? 당연히 디지털 노마드로 살아야 한다. 디지털 노마드는 경제적인 자유를 갖고 좋아하는 일을 하며 인생을 풍요롭게 사는 사람들이다. 자신의 시간을 컨트롤하며 사는 사람들이다. 디지털 노마드는 퍼스널 브랜딩이 되어 있거나 노력하는 사람들이다. 1인 창업가는 디지털 노마드다. 인프라 노마드는 생존을 위해 산다. 단순 노동으로 하루를 연명하는 사람들이다. 예를 들면, 배송기사, 식당 아르바이트, 대리운전기사, 일용직 근로자 등 사회 인프라를 구성하는 직업군에 속한 사람들이다.

나에겐 나만의 인생 노하우가 있다. 또한, 그 과정에서 얻은 경험과 지식이 있다. 마케팅 및 경영 부분을 담당해 온 27년 회사생활의 지혜를 다른 사람들과 공유하며 도움을 줄 수 있을 것 같다. 나 스스로에게 치열하지만 성실하게 성과 있는 삶을 살았다고 말해주고 싶다. 회사가 10배 이상 크는 데 일익을 담당하며 보람도 있었다. 누구보다도 이 분야에서는 전문가라 자부하고 싶다.

사원 시절 고객의 컴플레인으로 자존감이 상하는 말까지 들었던 일, 경쟁사와의 치열한 프로모션 경쟁에서 승리해 목표 달성과 함께 상을 받았던 일, 새로운 상권 개척을 위해 대규모 아파트 단지를 오르내리며 광고지를 뿌리다가 경비 아저씨에게 혼났던 추억, 대한민국 최초로 쿠폰 마케팅을 진행했던 일, 광고 기획으로 유명한 광고 전문 회사도 월드컵 광고 아이디어를 찾지 못해 쩔쩔매던 때에 태극기 광고로 대박을 쳤던 일, 요즘은 일반화된 상품권 지급을 대한민국 최초로 ATM식으로 진행했던 경험 등 마케팅 현장에서 벌어지는, 이루 말로 다 할 수 없는, 고객과 벌이는 심리전을 책으로 펴냈다. 고객과의 접점 현장에서 사업을 하는 모든 경영자 및 시장 참여자에게 유익한 정보 및 돈 버는 지혜를 알려주는 책을 썼다.

27년 동안의 직장생활과 중년의 삶을 살아오며 힘들 때마다 나에게 용기를 주고 힘이 된 것은 책이었다. 내가 책에서 삶을 살아갈 지혜와 영감을 얻었듯이 나도 깊은 감동과 독자들이 부자가 될 수 있는 팁을 제공하는 책을 계속 쓸 것이다. 내가 감명받은 나만의 스테디셀러 작가를 적어보면 이렇다.

『마켓 4.0시대 이기는 마케팅』의 저자 필립 코틀러 작가, 『백만장사 매신저』의 저자 브렌든 버처드 작가, 『김미경의 리부트』의 저자 김미경 작가, 『꿈 너머 꿈』의 저자 고도원 작가, 『인생의 길, 믿음이 있어 행복했습니다』의 저자 김형석 작가, 『왜 예수인가』의 저자 조정민 작가, 『일터행전』의 저자 방선오 작가 등.

이들의 책을 읽거나 강연 영상을 보면서 나는 삶의 경험과 지혜를 얻었다. 나를 포함한 세상 사람들에게 삶에 대한 인사이트를 주고 있는 이분들을 만나보고 싶다.

인생은 마케팅이다. 브랜딩이다. 퍼스널 브랜딩이 잘되어야 상품뿐만 아니라 개인도 세상에서 각광받고 성공할 수 있다. 나는 마케팅 및 퍼스널 브랜딩에 관련한 최고의 동기부여 전문가가 되겠다. 사람은 동기부여가 되어야 한 단계 앞으로 나아갈 수 있다.

나는 마케팅 관련 책을 쓰는 것으로 시작해 '인플루언서'가 되고 있다. 출판 계약을 한 후 어느새 직장에 소문이 났다. 남 상무보다는 남 작가로 호칭이 변하고 있다. 어떻게 하면 책을 그렇게 빨리 쓸 수 있는지 문의도 상당하다. 내가 관계하고 있는 여러 곳에서는 책이 출간되면 강연을 부탁한다는 의뢰가 접수되고 있다. 코로나가 풀리면 연간 직원 교육 프로램에 고정으로 해줄 수 있는지 문의도 들어오고 있다. 책을 쓴 이후 사회적인 시각이 변하고 있음을 실감한다. 우리 회사에서 임원 출신들이 책을 낸 것은 최근 20년 동안 내가 최초이다. 남 상무가 책 출판을 위해 계약했다는 입소문이 날 만큼 처음 있는 일이다.

2년 후면 회사에서 완전히 은퇴하게 된다. 나의 청춘 대부분의 시간을 바친 직장생활을 돌아본다. 대학 졸업 후 바로 입사하여 한눈팔지 않고 쭈욱 한 직장에서만 27년이다. 직장인들의 꿈인 0.1% 임원도 되었다. 그러나 2년 후에는 나가야 한다. 현재 중년인 회사원들은 정도의 차이는 있겠으나 2~3년 내에는 대부분 나가야 한다. 후배를 위해서라는 포장된 명분을 위안 삼고 쓸쓸하게 나가게 되어 있다. 남의 이야기인 줄 알았다. 어느덧 나의 일이 되었다.

나는 책을 쓰면서 하루하루 개미처럼 열심히 산다고 은퇴 후에 잘살 수 없다는 것을 배웠다. 꿈과 전략이 없이 열심히만 살면 몸만 상하게 되어 늙어서 고생한다. 부자가 될 수 있는 가장 빠르고 안전한 방법은 부자의 사고방식을 갖는 것이다. 대부분의 부자들은 '성실함'보다 '가치'를 생각한다.

〈한책협〉의 시스템을 활용하여 인플루언서가 되기 위해 SNS 관련 강의도 들을 수 있었다. 유튜브, 블로그, 네이버 카페 개설 과정 등을 수강하며 디지털 트랜스포메이션 되어가는 나 자신을 발견할 수 있었다.

시나브로 몇 년 후에 도래할 것 같은 미래 현상이 몇 달도 되지 않아 내 옆에 와 있다. 미래를 준비하고 있었는데 또 다른 미래가 훅 내 앞에 서 있는 것이다. 당황스럽다. 디지털이라는 미래는 사람들 생활의 모든 수단을 뒤흔들고 있다. 이제 디지털을 빼놓고는 이야기할 수 없는 시대가 되었다.

영향력이 돈이 되는 시대다. '인플루언서'의 시대다. 1인 미디어를 통해 사람들에게 영향력을 끼친다. 영향력을 행사하는 분야는 사람이 살아가는 모든 분야다. 여행, 스타일, 푸드, 테크, 동물/펫, 스포츠, 엔터테인먼트, 컬처, 경제/비즈니스, 어학/교육 등 사람의 라이프 사이클 전 부문에 영향력을 끼치고 있다.

예전에는 상상하지 못할 일들이 자연스러운 현상이 됐다. 누구나 '인플루언서'가 되고 싶어 한다. 본인들의 콘텐츠 경쟁력만 있으면 된다. 고객이 공감하는 스토리텔링이 전달되면 수많은 사람의 공감을 얻을 수 있다. 책을 쓴 이후 인플루언서 활동은 더욱 용이해질 전망이다. 나의 블로그 이웃 약 2천여 명이 나의 책이 나오기를 기다리고 있다. 서로 서평을 하겠다고 벌써부터 댓글들을 달고 있다. 혹, 인사치레라 할지라도 너무 고맙다.

디지털 시대에는 '인플루언서'들이 입소문을 내는 바이럴 역할을 한다. '인플루언서' 활동을 시작하면서 선한 영향력이 나타나기 시작했다. 블로그에서 나의 글을 보고 컨설팅을 의뢰한 업체가 지금 여러 군데가 있다. 4월에 책이 발간되면 시작하려고 사실은 대기 중인 상태다. 또한, 인스타그램은 팔로우가 거의 없었다. 지금은 한 달 남짓 시간에 300여 명이 되었다.

나는 '인플루언서'로 변신 중이다. 회사생활 27년 동안 마케팅과 경영관리 분야에서 일했던 소중한 경험과 지혜들이 축적되어 있다. 축적의 시간이었다. '디지털 남윤용'으로 변신하고 있다. 그동안의 기간이 회사를 위한 아웃풋이었다면 이제는 나를 위한 아웃풋을 낼 때다. 필자와 비슷한 연배들은 회사에 올인하거나 사업에 올인한 분들이 많다. 필자도 마찬가지다. 이제는 내가 좋아하는 일을 하면서 선한 영향력을 낼 시간이다.

패러다임이 바뀌는 시대다. '본캐'보다 '부캐'가 더 소중하게 느껴지는 현상들이 있다. 이제 SNS는 필수다. SNS를 킬링 타임용으로만 사용하는 사람이 될 것인가, SNS로 아웃풋을 내는 생산자가 될 것인가? 나 같은 중년도 SNS 생산자가 되기 위해 노력한다. 나보다 젊은 세대들은 빠르게 SNS 생산자가 될 수 있다. 나는 〈한책협〉에서 배운 것을 활용하여 이 세상 끝날 때까지 '인플루언서'로서 지속적으로 사회에 선한 영향력을 끼치고 싶다. 〈한책협〉이 고맙다.

대니 리

약력 : 현재 미국 버지니아 거주, 내셔널라이프그룹 디스트릭트 매니저, 이민
경력으로부터 깨어남과 마음 챙김에 관한 작가

저서 : 『어떤 조직에서도 결과를 만드는 영업 비밀 노트』, 『나를 가장 빛나게
만드는 사람은 나 자신뿐이다』, 『나는 지는 법을 배우지 않았다』, 『버킷
리스트24』(공저)

내 지난 시간과
화해하는 법을 배웠다

지난날의 삶 돌아보기

나는 어릴 때부터 입시제도를 거치면서 낙방을 많이 했다. 그래서 중고등학교는 후기를 통해 다녀야 했다. 그로 인해 생긴 패배감은 학업을 마친 후에도 평생 끈질기게 나를 따라다녔다. 아마도 나 자신을 이류 인생이라고 무의식적으로 못박았는지도 모르겠다.

학창 시절에는 그저 학교와 성적이 인생의 최후 목표인 것처럼 여기다가 사회에 진출하면서부터 혼돈의 시간을 거쳤다. 학업에 대한 이런 혼돈은 나중에 사회생활이나 인간관계에도 영향을 미쳤을 것이다. 스스로 당당하게 여겨본 적이 별로 없었기 때문이다.

남한테 밀리거나 실수하는 모습을 보이고 싶지 않았다. 그리고 뒤에서 험담을 듣는 게 싫었다. 이러한 긴장된 모습으로 나 자신을 밀어붙인 시간이 지금껏 이어졌다. 알게 모르게 지니고 살았던 왜곡된 자아는 언젠가 결국 밖으로 심각하게 표출되고 말았다. 그 일은 무려 7년 가까이 내가 쌓았던 비즈니스를 포기하게 만들고 말았다. 당시 이 실패는 이루 말할 수 없는 충격이었다. 그야말로 패닉일 수밖에 없었다. 세상에 대한 수치감이 이루 말할 수 없었다. 온갖 감정을 다 겪어본 것 같다.

하지만 그로부터 회복하는 과정을 거치면서 이 사건은 놀랍게도 오히려 큰 기회로 다가왔다. 그리고 비로소 나 자신을 돌아볼 수 있게 되었다. 자존감에 대하여 생각하게 되었고 또 자의식이 깨어나는 시간을 갖게 된 것이다. 또 그런 일이 일어날 수밖에 없었음도 깨닫게 되었다. 모두 내가 심은 씨앗대로 거둔 일임을 알게 된 것이다.

그때부터 내가 원하는 모습에 집중하려 했다. 때때로 분하고 억울한 생각이 올라오면 의식을 접고 반응하기를 멈췄다. 그런 연습은 세상의 인정이 아니라 바로 나 자신의 인정이면 충분한 것을 내게 알게 해줬다.

세상으로부터 시선을 거두고 자신을 바라보면서 내 안에 쌓인 열등감을 볼 수가 있었다. 지난날의 크고 작은 상처들이 오랫동안 내 안에 깊이 남아 있었다. 인간관계로 인해 고생하였으면서도 이유를 알지 못했던 자신의 무지함도 발견했다. 결국 그 실패는 나 자신에 관하여 진지하게 생각하게 만드는 기회가 되었다.

책 쓰기와 만나다

이렇게 자신을 찾는 내적 여행을 하면서 적지 않은 책을 읽었다. 독서량이 늘어가는 동안 그와 함께 나도 점점 정서적인 안정을 찾아가게 되었다. 나 자신의 감정의 실타래를 풀어내는 연습은 나 자신과의 화해로 연결되었다.

업무도 지난 모든 걸 버려두고 다시 시작해야 하는 번거로움이 있었지만 나름대로 진전이 있었다. 그리고 이제는 충분할 만큼 든든한 교두보들도 만들어졌다. 그렇지만 원래 사람을 잘 믿는 타입이었는데 관계에 대하여 다시 배워야만 했다.

의식 공부는 나에게 네빌 고다드와 연결되게 하였다. 하지만 그에 관한 자료가 별로 많지 않았다. 이런저런 조사를 하는 과정에서 〈네빌 고다드 TV〉 채널을 하던 〈한책협〉의 김태광 대표 코치와 연결되게 되었다. 그를 만나면서 언젠가는 책을 쓰고 싶다던 버킷리스트가 기억났다.

나의 지난 이야기를 모두 들은 그는 역시 나에게 책 쓰기를 권했다. 그리고 마침내 도전이 시작되었다.

먼저 작가들과 함께 자신들의 버킷리스트를 모아 『버킷리스트 24』를 공저로 출간했다. 여기에는 나의 남은 삶 동안 이루고 싶은 다섯 가지를 정리하여 기록했다. 남을 위해서가 아닌, 전적으로 나 자신에게만 온전히 집중하여, 어떻게 하면 나의 삶에 후회를 남기지 않을 수 있을까를 살펴보는 기회였다. 그리고 그 결과는 내 생애 첫 번째로 출간된 책의 모습으로 나타났다.

첫 책 쓰기를 마치고는 곧바로 두 권의 책을 쓰게 되었는데 각각 『어떤 조직에서도 결과를 만드는 영업 비밀 노트』와 『나를 가장 빛나게 만드는 사람은 나 자신뿐이다』였다. 첫 번째 책은 우리 가족이 미국에 이민을 오고 난 후, 필자가 지난 18년간 영업이라는 경력을 새로이 쌓으면서 살아남은 비법을 정리했다.

그리고 두 번째 책은 더는 세상을 위해서 살지 말고 바로 나 자신에 집중하여 사는 방법에 관한 내용이다. 그동안 너무 남들에게만 신경을 쓰면서 살아온 나와 비슷한 처지에 있는 독자들에 대한 도전이기도 하다.

책을 쓰는 동안 가진 생각들은 '이런 책들로 독자들에게 의미가 전달될 수 있을까?' 하는 의구심이었다. 과연 이 책들이 세상과 소통을 할 수 있을까? 정말 나의 실패 경험이 과연 누군가에게는 힘이 될 수 있을까?

출간 후, 페이스북이나 인스타그램으로 독자들로부터 연락을 자주 받았다. 한결같이 긍정적인 글들이다. 팔순의 늦은 나이에도 『어떤 조직에서도 결과를 만드는 영업 비밀 노트』를 읽고 자격증 시험에 다시 도전하

의욕 없던 삶이 다시 두근거리는 하루 10분 글쓰기의 힘

여 합격해 사업을 준비한다는 분도 있다. 또 힘든 중에 내 책들로 인해 소망을 얻고 다시 시작한다는 분도 있었다.

그러나 따지고 보면 이 책들은 바로 내가 나에게 쓴 글들이다. 지난 세월 중심 없이 살아온 나 자신에게 화해를 요청하는 것이다. 멘토의 말에 의하면 내 안에 담긴 게 많아 아마도 책 한 권으로는 부족하고 두세 권 정도는 계속 써야 속에 쌓여 있던 이야기가 어느 정도 나올 거라고 했는데 그 말이 맞는 듯싶다.

자신과의 화해 시도는 그 결과를 이미 조금씩 보고 있다. 일례로 전 같으면 누가 나에게 하는 뒷담화를 들을 때 매우 불쾌했는데 이제는 그런 증세가 많이 수그러들었다. 누가 뭐라 해도 스스로 떳떳하게 생각하니 그런 이야기를 들어도 이제는 나의 문제로 여겨지지 않는 것이다. 오히려 그런 말을 하고 다니는 사람들이 더 불쌍한 자라는 생각에 측은한 마음이 들기도 한다. 그들은 자신이 한 말에 스스로 책임을 져야 하는 자들이다.

실패는 나만의 성공의 콘텐츠

결국, 낮은 자존감으로 인한 실패들은 많이 회복되었다. 그리고 마음을 깨우고 다스리는 방법을 큰 소득으로 얻게 되었다. 그뿐만 아니라 나아가 이런 회복의 경험을 책들로 펴내 세상과 만나게 되었다.

마음 아팠던 실패였지만 그로부터 다시 일어나는 일은 바로 나만의 콘텐츠가 된 것이다. 나만의 스토리텔링이다. 그 스토리를 듣고 힘을 얻는 사람들도 나타나고 있다.

요즘은 콘텐츠의 시대라고 한다. 책이나 블로그, 유튜브 등의 모든 온라인 세계는 사람이 가진 콘텐츠에 따라 움직이는 세상이 되어버렸다. 플라톤은 이야기를 만드는 자가 세상을 지배한다고까지 말했다. 우리가 겪는 실수나 실패가 거기에서 끝나지 않고 뛰어난 콘텐츠로 변화되어 세상에 빛을 보여주는 것이다.

이런 일이 가능한 것은 실패의 경험을 통해 우리의 관점이 바뀌기 때문이다. 그렇게 긍정으로 바뀐 관점은 세상을 바꾸는 힘이 있다. 이런 과정 중에 나 자신이 정말 괜찮은 사람이라는 사실을 깨닫는 것은 세상 그 무엇보다 중요하다. 여기에 모든 변화의 힘이 담겨 있기 때문이다.

작가가 되고 난 후 나의 세상은 당연히 긍정으로 바뀌고 있다. SNS에 쓰는 긍정의 글들은 독자들로부터 역시 긍정적 반응으로 되돌아오고 있다. 쓰면서도 그토록 부끄러웠던 나의 고백들은 나를 다른 인식의 세계로 인도했다. 그렇게 독서 모임들의 추천서로 소개되고 있고 이런저런 인터뷰의 기회를 만나고 있다.

전에는 단지 보험회사의 매니저라는 타이틀로서 불렸지만, 이제는 어디를 가든 작가라는 호칭으로 존경을 담아 불러준다. 이제는 자신들에게 무언가를 팔기 위한 영업인이 아닌 사람들에게 따뜻한 말을 들려줄 줄 아는 인물로 인지하는 것이다.

그러나 세상이 나를 바라보는 시선보다 훨씬 더 중요하고 의미 있는 사실은 내가 이미 부정적인 생각을 거두어내어 어떤 상황에서도 환한 밝음을 꺼내보일 수 있는 사람으로 변화되었다는 것이다.

이 글을 쓰는 지금도 이미 네 번째 책, 『나는 지는 법을 배우지 않았다』의 출판을 기다리고 있다. 그뿐 아니라 바로 그다음에 전개될 책에 대해서도 준비를 하고 있다. 내 안에 오랜 기간 담겨 있던 이야기들이 하나씩 세상으로 나올 채비를 하는 것이다.

나는 이제 스토리텔러가 된 것이다.

박상용

약력 : 영어강사 및 교사교육활동(9년), 출판기획 / 편집 및 교재개발(14년),
현재 개인 작가 활동 및 가족사업 병행

저서 : 『하루 10분 인문고전 독서의 힘』

인생 2막을
작가로 살고 있다

인생의 전환점을 만나다

세상 사람들은 모두 자신의 꿈을 향해 열심히 달려간다. 오늘도 내일
도 최선을 다해 살아가며 꿈을 꾼다. 하지만 우리 인생의 여정은 우리가
꿈꾸는 것처럼 그렇게 호락호락하지 않다.

나는 세상의 주인으로 살겠다는 거대한 포부와 함께 사회에 첫발을 내
디뎠다. 하지만 이 사회는 나에게 단맛보다는 쓴맛을 먼저 가르쳐주었
다. 그렇게 사회의 한 구성원으로 고개 숙인 신고식과 함께 20대를 시작
했다. 하지만 이대로 물러설 수 없는 법, 젊음의 패기 하나로 또다시 도
전하고 앞으로 나아갔다.

'고진감래(苦盡甘來)'라고 했던가. 나에게도 고생 끝에 낙이 찾아온다. 나의 노력을 하늘이 알아준 건지 땅이 알아준 건지 결국 꾸준한 노력과 배움은 내게 성공적인 30대의 출발을 선물해준다. 나는 동년배에 비해 빠른 승진과 함께 좀 더 튼튼한 회사로 자리를 옮기게 되었다. 그렇게 인생의 탄탄대로를 느끼면서 하루하루를 행복하게 살아가지만 나는 이따금 무언가 부족함을 느꼈다. 하지만 그때마다 '과유불급(過猶不及)'이란 말과 함께 지금의 자리에 만족해하며 무사안일주의(無事安逸主義)를 선택했다.

불혹(不惑)의 나이에 접어들면서 내게 조금씩 생각의 변화가 일어나기 시작했다. 과연 이 자리가 언제까지 갈까? '화양연화(花樣年華)'와 같은 지금의 인생이 멈춰줬으면 좋겠지만, 흐르는 시간을 누가 막겠는가. 그렇게 성공적이면서도 언제나 불안한 마음이 공존했던 직장생활을 뒤로 하고 창업을 준비했다. 어떠한 유혹에도 미혹되지 않는다는 불혹의 나이에 갑작스러운 창업. 그래도 나 나름대로 열심히 준비했다. 하지만 창업의 꿈은 보기 좋게 실패의 고배를 마신다. 그렇게 내 인생 최대 고비의 전환점을 맞이하게 된 것이다.

새로운 출발과 시련

"만약 우리가 우리의 꿈들을 좇을 용기만 있다면 그 꿈들은 반드시 이루어진다."라는 월트 디즈니의 말은 내게 다시 한 번 용기를 주었다. 보기 좋게 고배를 마시고 내가 선택한 진로는 처가 식구들과 함께한 가족 요식사업이다. 분명히 내 전공 분야는 아니다. 하지만 꿈을 가지고 있고 용기만 있다면 반드시 이루어진다는 마음으로 서울 한복판에 사업장을 열게 된다.

세상이 내 뜻대로 되면 얼마나 좋을까만은 '첫술에 배부를 수 없다.'라는 마음으로 위로하면서 보낸 시간이 3년이다. 그렇게 시간이 지나면서 자연스럽게 자리를 잡아가고 있지만 알 수 없는 게 장사인 것 같다.

직장생활을 하면서 직원의 입장일 땐 정말 나만 잘하면 됐다. 또 직급이 올라가면서 조직의 부서장이 되었을 땐 내가 맡은 부서가 기대 이상의 성과를 내면 됐다. 그리고 책임자가 되었을 땐 성과와 성장의 균형과 함께 이윤 창출이 이루어지면 되는 것이었다. 다시 말하면 조직별로 성과나 성장 없이 유지만 하는 건 문제가 있다는 말이다. 그래서 기업이란 지속적인 혁신과 성장을 되풀이하는 달리는 기관차와 같은 것이다. 하지만 기관차가 무작정 폭주하면 안 되듯이 균형이 중요한 것이다.

나는 요식사업도 나만 잘하고 노력하면 되는 줄 알았다. 하지만 내 생각과는 다르게 나와 상관없는 외적 요인의 변수가 너무 많다는 것을 깨닫게 되었다. 내게 요식업은 처음 접해보는 분야이지만 처가 식구인 장모와 처형은 이 분야의 베테랑이었다. 그러함에도 불구하고 매출은 좋은 결과를 보여주지 못했다. 사회적 분위기와 갑작스러운 주변 환경의 변화는 우리 손에서 할 수 있는 일이 아니었다. 하지만 '매사진선(每事盡善)'이라고 하지 않던가. 무릇 모든 일에 최선을 다하면 좋은 일과 희망이 보인다고 했다.

나는 우리 매장의 좋은 환경과 좋은 음식과 좋은 사람들의 구성이면 분명히 언젠가는 좋은 성과와 성장을 이룰 수 있다고 믿었다. 그러한 믿음과 함께 우리가 할 수 있는 일은 또다시 끊임없이 노력하는 것 외에는 없었다. 우리는 남들보다 일찍 일어나고, 먼저 움직이고, 더 많은 땀과 노력을 기울였다. 또 끝까지 살아남겠다는 일념 하나로 버티고 또 버텼다. 그 결과 7년 차에 들어선 지금은 안정적인 단계에 돌입했고 제법 자리를 잡았다. 하지만 누구도 예상치 못한 팬데믹은 우리에게 또다시 시련을 안겨줬다.

새로운 꿈의 도전
언택트 시대를 맞이하며 사업의 어려움은 이어가고 내 안에 또 다른 무언가가 꿈틀거리기 시작했다. 그것이 정확히 뭔지는 모르지만 그렇게 하루하루를 버티기만으로 살아갔다. 나는 언제나 힘들고 지칠 때마다 하는 한 가지 좋은 습관이 있다. 바로 책 읽기다. 한 해를 팬데믹으로 인해 무기력하게 보내면서 믿고 의지할 것은 책밖에 없었다. 내가 주로 보는 책은 인문학과 고전이다. 그런데 문득 다양한 장르의 책을 읽어볼까 하는 생각이 들었다.

사실 내가 생각해도 너무 편식적 독서 성향을 가지고 있었다. 그래서 시작한 것이 서평단 활동이었다. 서평 활동의 가장 큰 장점은 내가 원하는 책을 선별해서 서평을 요구할 수 있다. 하지만 서평에 무게 중심을 두면 모든 분야의 책을 읽을 수가 있다. 인문학, 고전, 철학, 시, 자기계발서 등 심지어 육아 도서도 만날 수 있다. 그렇게 시작한 서평 활동은 지친 내 삶의 또 하나의 활력이 되었다. 독서는 내게 코로나19로 인한 운동 부족 대신에 그 자리를 서평 활동으로 채워줬다.

그러던 어느 날 꿈과 성공 법칙에 관한 자기계발서 장르의 도서를 만나게 되었다. 내가 만난 그 도서는 나에게 꿈과 성공에 대한 해석을 재조명해주었다. 사실 직장생활 초년 시절에 가장 많이 읽는 도서가 자기계발서다. 어떻게 하면 이 험난한 사회에서 살아남을까? 또 무엇을 준비해서 꿈을 이룰까? 라는 자기 동기부여의 책이 손에 잡힐 때이다. 그런데 지금 내 가슴이 뛴다.

나는 하늘의 명을 알았다는 '지천명(知天命)'의 나이에 들어섰다. 그런 내가 서평 활동을 하면서 결정적인 책 한 권을 만난다. 바로 김도사, 권마

담 저자의 『김 대리는 어떻게 1개월 만에 작가가 됐을까』이다. '지천명'의
나이에 내 가슴을 뛰게 만든다? 처음에는 정말 이해가 되지 않았다. 나
름 많은 자기계발서와 동기부여 책을 읽었다고 생각했는데 한 번도 가슴
이 '쿵' 하고 뛴 적은 없었다. 이 도서를 인연으로 나는 하나의 결심을 한
다. 그래 나도 작가 한 번 해보자! 아니, 꼭 작가가 되자!

그렇게 나는 작가의 꿈을 꾸고 내 인생 2막을 위해 다시 한 번 도전했
다. 지금까지 읽었던 책들을 중심으로 과연 내가 잘할 수 있는 장르가 뭘
까? 라는 고민과 함께 출간 기획을 잡아보고 방향을 설정하고 글쓰기에
돌입했다. 그리고 난 『하루 10분 인문 고전 독서의 힘』이라는 책을 출간
하고 멋지게 작가의 꿈을 실현했다. "인간사엔 기회란 것이 있는 법, 기
회를 잘 타면 성공에 도달하지만, 놓치면 인생 항로는 여울에 박혀 불행
하기 마련이오." 세계 최고의 극작가 윌리엄 셰익스피어의 말이다.

세상을 살아가다 보면 셰익스피어의 말처럼 분명히 '기회'가 찾아온다.
하지만 그 기회가 언제, 어디서, 어떤 모습으로 올지는 아무도 모른다.
우리가 알고 있는 것은 오직 기회가 끊임없이 노력하고 갈구하는 사람에
게 찾아온다는 것뿐이다. 그렇기에 우리는 그 기회를 제때 잡기 위해서
내 마음속에 간절히 바라는 꿈을 매일매일 상상하고 희망하면서 기다려
야 한다. '지천명' 나이에 내게 찾아온 '기회'는 바로 글을 쓰는 '작가'가 되

는 것이었다. 그리고 난 그 기회를 잡았고 '내 인생 2막은 작가였다.'라는 사실을 알게 되었다.

　책을 쓰고 작가가 되고 달라진 점은 참 많다. 그중 하나는 호칭이다. 안녕하세요. 박 작가님! 이제는 사람들은 나를 작가님이라고 부른다. 참 기분 좋은 말이다. 또 하나는 무엇이든 할 수 있다는 '자신감'이다. 이유는 딱 하나! 상상도 못 했던 작가를 내가 이뤘기 때문이다. 만일 누군가 내게 왜 작가가 되었냐고 묻는다면 망설임 없이 얘기해줄 수 있다. 책을 써야 성공한다고….

박소현

약력 : 〈톡톡교육연구소〉 소장, '당신의 마음을 TOK, TALK하게 하는 교육'이
　　　　라는 교육 이념을 갖고 선한 영향력을 펼치는 시니어 전문 강사이자
　　　　강연가

저서 : 『나는 치매 할머니의 보호자입니다』, 『버킷리스트25』(공저)

내가 얼마나 근사한 사람이었는지
알게 되었다

'누구나 책을 쓸 수 있다.'

'책을 쓰면 인생이 달라진다.'

'성공해서 책을 쓰는 것이 아니라 책을 써야 성공한다.'

나는 특별한 사람들만이 책을 쓸 수 있다고 생각했다. 나와 달리 성공한 사람들만이 책을 쓸 수 있다고 생각했다. 그런데 누구나 책을 쓸 수 있다고 말한다. 책을 쓰면 인생이 달라진다고 말한다. 책을 써야 성공한다고 말한다. 정말일까?

작년, 사랑하는 할머니가 돌아가셨다. 5년 동안 나와 함께 치매와 동고 동락했던 할머니이다. 할머니를 아직 보내지 못한 나는 매일같이 슬픔에 빠져 있었다. 그러다 문득 할머니의 이름을 남기고 싶다는 생각이 들었다. 나는 이때 처음으로 책을 쓰고 싶다고 생각했다. 내 인생에 책이 가까이 있어 본 적이 없었는데도 말이다. 무슨 용기였는지. 그렇게 나는 책을 쓰고 싶다는 마음을 품기 시작했다. 아무도 모르게 깊이 꼭꼭 숨겨두었지만 말이다.

책을 쓰고 싶다는 마음을 품고 세상을 바라봤다. 그러자 나는 어느새 책 쓰기 1일 특강에 참석해 있었다. 이때 〈한책협〉의 김태광 코치님을 만나게 되었다. 김태광 코치님은 위와 같이 "성공해서 책을 쓰는 것이 아니라 책을 써야 성공한다."라고 말씀하셨다. 믿고 따라온다면 할 수 있다고 말씀하셨다. 갑자기 내 가슴 속 어딘가 깊이 숨겨놨던 꿈이 스멀스멀 올라오기 시작했다. 나는 김태광 코치님을 믿기로 마음먹었다. 이는 내 인생에 가장 큰 결정이었다. 더불어 내 인생의 '터닝포인트'가 되었다. 그리고 나는 내가 얼마나 근사한 사람이었는지 그제야 알게 되었다.

열심히 하겠다고 마음먹었지만, 걱정이 앞섰다. 내가 괜한 일을 벌이는 건 아닐까 걱정되었기 때문이다. 가족들도 응원보다는 걱정의 눈초리로 나를 바라봤다. 나는 가족 말고 아무도 모르게 책을 쓰고 있었다. 할수 있다고 주문을 외우며 앞으로 나아가는 중이었다. 그런데도 불안한 마음은 감출 수 없더라. '내가 과연 할 수 있을까? 아니야. 할 수 있어.'라 며 하루에도 수십 번 혼잣말을 했다. 그렇게라도 해야 불안한 마음을 잠 재울 수 있을 것 같았다.

걱정도 잠시. '작심삼일'을 입에 달고 살던 나는 할 수 있는 한 최선을 다하기 시작했다. 언젠가는 하루 8시간 이상을 책상에 앉아 있던 적도 있 었다. 그러면서도 내심 불안했다. 내가 나를 믿지 못했기 때문이다. 하지 만 나는 더는 불안해하지 않고 나를 믿기로 마음먹었다. 그러자 내게 다 른 세상이 펼쳐졌다.

『메신저가 되라』에는 이런 내용이 있다. "내 인생의 메시지는 소중하 다."라는. 이 책의 저자인 브랜드 버처드는 상당수의 사람이 자신의 경험 에서 온 깨달음을 별것 아닌 것으로 치부한다고 말했다. 나 역시 그러했 다. '내 인생에 누가 관심이나 갖겠어?'라고 생각했다. 하지만 저자는 자 신의 경험과 지식을 나눈다면 사람들을 지금보다 더 나은 미래를 향하도 록 도울 수 있다고 말한다. 그리고 이야기를 나누어 다른 사람들을 위한 도움의 등대가 되라고 말한다. 길을 안내하는 불빛처럼.

"누구든 인생을 살아가면서 다른 사람들보다 뭔가를 먼저 혹은 뛰어나 게 성취한 경험이 있다. 그 과정에서 배운 교훈은 다른 사람들에게 도움 이 되며 소중하다는 점을 기억하라."

그의 말처럼 나의 경험과 깨달음으로 누군가에게 도움이 되는 등대가 되고 싶어졌다.

할머니의 이름을 남기고 싶다는 마음으로 시작한 책 쓰기에 또 다른 꿈이 생긴 것이다. 나는 치매 할머니를 모시며 다양한 경험을 했다. 치매와 맞서 싸우며 후회했던 적도 많았다. 때로는 죽고 싶은 순간도 있었다. 이러한 경험으로 나와 같이 치매로 인해 힘들어하는 사람에게 위로를 전하고 싶어졌다. 더불어 치매 환자와 살아가면서도 '행복'이 있다는 희망을 전하고 싶어졌다. 그리고 누구나 쉽게 치매를 이해할 수 있게 하고 싶어졌다. 이렇게 나는 나의 꿈을 하나둘 발견하기 시작했다. 책을 쓰고 있었을 뿐인데 내가 걸어가고 싶은 길이 명확해지고 있었다. 정말 신기하지 않은가.

평범하다고 생각했던 나의 삶이 '특별한' 삶이었다는 것을 알게 되었다. 나의 경험이 누군가에게 필요한 이야기일 수도 있다니 정말 멋지지 않은가. 이렇게 생각을 바꾸자 보잘것없어 보였던 내가 반짝반짝 빛나기 시작했다. 매일 밤 지쳐 잠들기 바빴던 나는 꿈을 꾸며 잠자리에 들기 시작했다. 그리고 기쁜 마음으로 아침을 맞이했다. 책을 쓰면서 나의 가치를 발견하기 시작한 것이다. 나의 가치는 다이아몬드 원석과 같았다. 다듬어지지 않았을 뿐이다.

더불어 책을 쓰면서 나 자신을 뒤돌아보게 되었다. 나는 내가 그저 그런 삶을 살아도 잘 살아가고 있다고 생각했다. 그뿐만 아니라 나는 내가 자신감이 있는 사람인 줄 알았다. 그런데 책을 쓰면서 자신감이 부족한 사람이었다는 것을 알게 되었다. 꿈도 작은 사람이었다. 그저 다른 사람의 성공을 부러워하던 질투심 덩어리였다.

책을 쓰면서 인생이 바뀐다는 것이 이런 뜻일까. 책을 쓰면서 나의 의식이 높아지고 있었다. 그러면서 자신감을 느끼게 되었다. 더불어 나를 사랑하는 것이 얼마나 중요한지 알게 되었다. 그렇게 나는 나를 사랑하기 시작했다. 그뿐만 아니라 내가 얼마나 대단한 경험을 한 사람인지 알게 되었다. 보잘것없다고 생각했던 내 삶이 말이다.

지나고 보니 나는 내가 생각하는 것보다 더 큰 꿈을 갖고 있었다. 드디어 내가 하고 싶은 일을 찾은 것이다. 드디어 '사람은 가슴이 시키는 대로 살아야 한다.'라는 말을 깨닫게 되었다. 나는 이렇게나 소중한 나를 모르고 있었다. 내가 얼마나 멋진 사람인지. 무엇이든 할 수 있는 사람이라는 것을.

책 출판 계약을 하면서도 행복한 일투성이였다. 출판사에서 내게 많은 독자에게 공감과 위로를 줄 수 있는 책이 될 것 같다고 해주셨다. 정말 신기하지 않은가. 나의 경험과 나의 깨달음이 이렇게나 멋진 이야기가 된다니. 불안하기만 했던 나의 삶이 달리 보였다.

더불어 출판사와 계약을 하고 나니 가족들의 눈빛이 달라졌다. 특히 엄마는 내게 '작가 딸'이 생겼다는 사실이 행복하다고 말씀하셨다. 계약만 했을 뿐인데 엄마는 이미 책이 나온 듯 자랑을 하러 다니셨다. 엄마를 말리느라 어찌나 힘들었는지. 드디어 책 표지가 나왔다. 그날 엄마는 지인들에게 책 표지 사진을 모두 보내셨다. 그러면서 엄마는 불이 나는 전화를 만끽하셨다.

이뿐만이 아니다. 며칠 전 언니에게 편지를 받았다. 언니는 내게 열심히 산 네가 기특해서 칭찬하고 싶다고 했다. 더불어 해내는 네 모습을 보며 나 또한 좀 더 열심히 살게 하는 것 같다고 말했다. 그리고 언니는 그동안 마음만 먹었던 일들을 실행하기 시작했다. 나와 함께 가슴이 시키는 삶을 살기로 마음먹은 것이다. 내가 책을 썼을 뿐인데 온 가족이 달라졌다. 우리는 함께 꿈을 꾸는 가족이 되었다. 너무나도 기쁜 삶이 아닌가.

주변에서 나를 바라보는 시선 또한 달라졌다. 주변에서 최초로 책을 집필한 사람이라는 칭찬을 받고 있다. 이보다 나를 더 기쁘게 하는 것은 내 지인들이 치매에 관해 관심을 두기 시작한 것이다. 치매에 대해 전혀 알지 못했던 나는 할머니의 치매를 알고 정말 많은 후회를 했다. 하지만 주변에서는 나와 같은 실수를 하지 않기를 바랐다. 그런데 내 책으로 치매에 관해 관심을 두기 시작했다니 이보다 기쁜 일이 있을까.

누군가는 내게 나와 같은 삶을 살고 싶다고 말한다. 대단하다고 말한다. 그런데 나는 지극히 평범한 사람이다. 다만 먼저 시작했을 뿐이다. 먼저 책을 쓰겠다는 마음을 먹고 실행했을 뿐이란 말이다. 그래서 나는 당당히 말할 수 있다. 누구나 책을 쓸 수 있다고.

나는 원고를 쓰는 동안 책이 출판된 이후의 삶을 생생하게 꿈꿨다. 가장 먼저 가난했던 나를 보살펴 주셨던 담임 선생님을 찾아갈 것이다. 보살펴주신 덕분에 이렇게 작가가 되었다고 감사하다는 인사를 전하고 싶다. 그뿐만 아니라 강당에 많은 사람에게 울고 웃는 치매 이야기를 전할 것이다. 그리고 치매 환자의 가족, 보호자 분들의 마음을 어루만져주는 사람이 되고 싶다. 나의 경험과 깨달음을 펼치는 메신저가 되고 싶다. 생각만으로도 내 입가에 절로 미소가 지어졌다. 이제 그 꿈을 이룰 수 있게 되었다.

김도사의 『평범한 사람을 1개월 만에 작가로 만드는 책 쓰기 특강』에는 이런 내용이 있다.

"나는 한 권의 책이 운명을 바꾼다는 진리를 믿는다. 성공자들 가운데 대다수가 책을 통해 꿈을 설정하여 지독한 노력을 쏟았다. 그 결과 어떤 시련과 역경이 닥쳐도 끝까지 버텨낼 수 있었다. 때로 포기하고 싶은 순간들도 있었지만, 그때마다 책은 일어설 수 있는 힘이 되어주었다."

그의 말은 내가 쓴 책을 통해 한 사람의 운명을 눈부시게 바꿀 수 있다는 용기를 갖게 했다.

  간절하고 바라고 원하는 것은 분명 이루어진다. 나는 책을 써서 세상에 나를 알리기 시작했다. 곧 세상에 내 책이 나온다. 이제 나는 "『나는 치매 할머니의 보호자입니다』의 저자 박소현입니다."라고 인사를 한다. 그것도 30살에 말이다. 30살에 나는 나만의 경쟁력을 만들었다. 그리고 3년 안에 성공자의 삶을 살아갈 것이라 믿어 의심치 않는다.

  누군가 내게 "책을 써서 인생이 달라졌나요?"라고 묻는다면 나는 당연코 "네"라고 대답할 것이다. 나는 책을 썼다고 당장 베스트셀러가 될 것이라 꿈꾸지 않는다. 그런데 베스트셀러가 되었다고 인생이 달라질 것인가. 나는 그렇게 생각하지 않는다. 책을 쓰면서 나를 사랑하게 되었고 멋진 미래를 꿈꾸게 되었다. 그럴 뿐만 아니라 내가 얼마나 근사한 사람이었는지 알게 되었다. 이보다 더 멋진 일이 있을까. 이보다 더 가치 있는 일이 있을까.

박소현_내가 얼마나 근사한 사람이었는지 알게 되었다

박지영

약력: 25살 꿈 많은 청춘 동기부여가, 작가, 〈행복한 삶을 위한 자기계발 연구소〉 대표

저서: 『행복한 삶을 위한 독서의 기술』

25살 작가로
내 인생이 180도 변했다

나의 인생은 책을 쓰고 난 후와 쓰기 전으로 나뉜다. 이렇게 당당하게 이야기할 수 있을 정도로 내 인생에서 책 쓰기는 최고의 선택이었다. 나는 어린 나이부터 항상 가슴에 작가의 꿈을 품으며 살았는데 작년 24살 나이에 작가의 꿈을 누구보다 빠르게 이루게 되었다. 사실 내가 그리던 꿈 같은 삶이 실현되어 너무 기쁘고 행복하다고 늘 생각하고 있다. 때로는 실감이 나지 않을 때도 있다. 그만큼 나의 꿈인 작가의 삶을 실현하고 살아갈 수 있는 나날들에 감사하며 살아가고 있다. 현재 25살 젊은 나이에 이러한 감사한 삶을 살 수 있었던 이유는 바로 나의 스승님을 만난 덕분이다. 나의 스승님은 〈한책협〉의 수장 김도사님이시다. 나는 그를 만나 책 쓰는 법을 배웠고 두 달이 안 되는 이른 시간 안에 나의 소원이었던 작가의 꿈을 이뤘다. 정말 내가 말하고도 믿기지 않지만 이런 놀라운 결과를 선물해주고 지도해주시는 분이 바로 나의 스승님이시다. 나는 스승님을 만나 24살에 작가의 꿈을 이루어 사람들에게 꿈과 희망을 주는 행복 전도사, 동기부여가 그리고 멋진 작가의 삶을 살아가고 있다. 나는 스승님께 책을 쓰는 법을 배우면서 인생이 180도 멋지게 변했다고 생각한다. 스승님은 내게 책을 쓰는 법뿐만 아닌 원하는 인생을 살아가는 법, 꿈을 이루는 법, 행복한 삶을 살아가는 법, 그리고 인간이 누릴 수 있는 부귀영화의 가치들을 나에게 아낌없이 전수해주셨다. 나는 스승님의 사랑이 담긴 가르침 덕분에 의식이 성장하게 되었고 짧은 시간 사이에 엄청난 성장과 발전을 할 수 있었다. 그래서 나는 매일 감사하고 행복한 삶을 살아가고 있다.

내가 책을 쓰면서 느낀 점과 배운 깨달음이 정말 많은데 그래서 나는 모두에게 책을 쓰는 것을 추천해주고 싶다. 그 이유는 내가 책을 쓰면서 180도 삶이 아름답고 멋지게 변했기 때문이다. 나는 책을 집필하면서 나 자신이 강하고 아름다운 사람이라는 사실을 배우게 되었다. 그 이유는 책을 집필하며 나 자신을 돌아보고 자아 성찰을 할 수 있었기 때문이다. 삶에 있어 나를 돌아보고 자아 성찰하는 부분은 참으로 중요한데 나는 책을 집필하며 나를 돌아보는 자아 성찰을 경험할 수 있게 되었다. 자아 성찰은 인생에 있어 자기계발하는 데 필수적인 요소라고 한다. 나는 책을 쓰며 이 부분을 느끼게 되었으니 즉 책 쓰기는 자기계발에 최고봉이라고 할 수 있다. 그래서 나는 책 쓰기를 하며, 자아 성찰을 하며 삶을 다시 돌아보게 되고 새로운 관점으로 바라보는 계기로 삼았다. 책을 집필하며, 나의 이야기를 쓰며 나의 발자취를 돌아보던 중 나는 내가 도망치고 싶었던 과거의 두려움과도 마주하게 되었다. 그 두려움을 마주했을 때 나는 책을 쓰며 눈물을 흘렸다. 나는 책을 쓰며 내면의 상처를 하나씩 치유하고 있었다. 내면의 나와 마주하게 되니 나의 마음과 대화할 수 있었고 마침내 나는 나의 과거의 상처들을 하나씩 떠나보낼 수 있게 되었다. 그리고 나의 삶에 있어 감사하고 즐거웠던 추억들에게도 다시 한 번 더 진심을 담아 감사하게 되었다.

책 쓰기로 나의 내면을 치유하며 깨달은 점이 있었다면 나는 정말 강인한 사람이었다는 점이다. 과거의 나는 내가 이렇게 강한 사람이라는 사실을 인지하지 못하고 살아갔었는데 책을 쓰면서 내면의 상처를 치유하며 과거의 일들도 무사히 이겨냈고 내가 이렇게 성장하고 발전한 부분들을 보며 깨달음을 배우게 되었다. 무엇보다 지금의 나의 삶이 존재하는 건 내가 모든 시간을 잘 살아줬기에 가능했다는 사실을 알게 되어서 나의 인생에 감사함을 더욱 느끼게 되었다. 과거의 모든 일은 결국 일어나야만 했었던 일이었다는 생각을 처음으로 하게 되었던 것 같다. 돌이켜보면 피하고 싶었던 일들도 지금의 멋진 가치관과 아름다운 생각을 하는 작가 박지영을 만든 것이다. 나는 지금의 삶에 너무 감사하다. 그래서 나는 과거의 일들에도 점점 감사함을 느끼게 되어갔다. 감사함을 느낄수록 인생이 멋지게 변해가고 있음을 여실히 느낀다. 한 가지 깨달은 사실이 있다면 시련은 변형된 축복이라는 것이다. 즉 모든 순간이 축복이라는 사실이다. 그러니 나의 삶은 계속 행복해질 수밖에 없다. 내가 만나고 앞으로 마주할 나의 모든 날이 아름답고 행복할 것을 믿어 의심치 않는다. 주어진 인생은 모든 순간이 축복이라는 걸 믿어 의심치 않게 되었다.

나는 이처럼 의식이 멋지게 성장하게 되었다. 멋진 의식을 배우고 성장하고 난 뒤 책이 출간되었을 때의 일이 생각난다. 내가 지금도 놀랍게 여기고 감사하게 생각하는 일이 있는데 내가 과거의 경험했던 나의 일들이 혹은 내가 숨기고 싶었던 나의 상처가 누군가에게는 공감과 큰 위로가 되어줄 수 있다는 사실이다. 그냥 나의 인생 모든 것이 동기부여가의 삶이 되어버린 것이다. 이것이 작가의 삶이 멋진 진정한 이유라고 생각한다.

나의 가슴 속 이야기가 나의 진심을 담은 글 한마디 한마디가 누군가의 인생에는 큰 위로와 희망이 되어줄 수 있다는 사실이 나는 정말 감격스럽고 기뻤다. 나는 이 사실을 깨우친 후로 인생이 더욱 소중하고 감사하게 느껴지게 되었다. 항상 사람들에게 꿈과 희망을 주는 '동기부여가'

가 되고 싶었는데 작가의 꿈을 이루며 동시에 '동기부여가'가 되었다. 나는 꿈을 실현한 사실에 기뻐하며 매일 감사한 삶을 살아가는 중이다.

무엇보다 작가의 꿈을 이루고 너무 좋았던 부분은 나의 팬이 생긴 것이다. 책이 출간되고 나의 책을 읽고 나에게 감명을 받아 연락이 오는 독자 팬들이 생겼다. 그리고 소중한 독자 팬들은 나에게 희망을 배우고 정말 잘 읽었다며 덕담과 칭찬을 아끼지 않으셨다. 나는 작가의 삶을 실현한 후 감사한 팬들이 생기게 된 것이다. 아직도 믿기지 않고 누군가에게 사랑받는 삶이 정말 감사했다. 늘 꿈꿔온 가슴 설레는 감사한 일이 내게도 일어난 것이다. 나도 누군가에게 선한 영향력을 나눠줄 수 있다는 사실이 가슴이 두근거릴 정도로 너무 좋았다.

그래서 나는 더욱더 멋지고 좋은 사람이 되고 싶다는 큰 꿈을 품게 되었다. 작가의 꿈을 실현한 후 나의 꿈에 안주하는 것이 아니라 더욱 큰 포부와 희망을 품은 작가가 된 것이다.

내가 작가로서 활동하고 있는 카페에서 나의 닉네임은 '영앤 리치 지영 작가'이다. 사람은 이름대로 살아가게 된다고 한다. 그래서 나를 표현할 수 있는 말이 참으로 중요하다는 것이다. 이처럼 멋진 닉네임을 선택할 수 있었던 이유는 내가 큰 꿈과 희망을 품은 작가로 성장하며 나 자신에게 큰 성공을 한다는 조건 없는 믿음이 생겼기 때문이며, 나를 사랑으로

박지영_25살 작가로 내 인생이 180도 변했다

지도해주시는 스승님과 그의 부인 권동희 대표(권마담)님 덕분이다. 그 두 분은 언제나 제자들을 사랑으로 지도해주시고 믿어주신다. 나는 이 두 분 덕분에 인생이 한 번 더 멋지게 180도 변할 수 있었다. 그리고 무엇보다 나는 이 은혜로운 두 분을 만나 할 수 있다는 희망을 배웠다. 그리고 도전하는 삶은 정말 아름답고 빛난다는 것을 깨우치고 배우게 되었다. 이 자리를 빌려 나에게 큰 사랑을 주시는 나의 스승님 김도사님, 권마담님께 사랑을 담아 감사의 마음을 전하고 싶다. "감사합니다."

그리하여 나는 앞으로의 날들이 너무 기대되고 설렌다. 인생이 아름답고 내가 아름다운 인생을 살아가는 동안 마주할 멋진 나날들이 정말 감사하다. 그리고 내가 간절한 소망을 품고 꿈을 꾸면 이루어진다는 사실을 누구보다 잘 알고 있기에 나의 인생에 더욱더 멋져질 일만 남은 것이 너무 설레고 기쁘다. 이렇게 감사한 마음을 품으며 살아갈 수 있는 작가의 삶은 정말 최고라고 생각한다. 무엇보다 나는 책을 쓴 후에 정말 행복했던 순간이 있는데 그 순간은 바로 가족과 친구들의 자랑이 되었던 순간이었다. 내 가족들은 내가 책을 쓴 뒤로 정말 행복해하셨다. 그리고 책을 통해 나의 진심도 함께 전할 수 있었다. 가족들뿐만 아니라 나의 책을 읽어준 친구들에게 정말 많은 연락을 받았는데 친구들의 많은 축하와 나의 이야기들에 관한 생각들을 통해 나의 진심을 알 수 있었다며 많은 공감과 소통을 나눌 수 있었다. 그래서 나는 책이 출간된 이후 더욱 행복한 사람이 되었다. 과거의 가슴 앓았던 실타래와 같던 일들이 하나씩 풀리기 시작한 것이다. 나는 책을 통해 한 번 더 내면의 치유를 하게 되었다. 모두에게 인정받는 삶, 내가 꿈꾸는 삶의 실현이다. 내가 사랑하는 사람들에게 인정받은 삶은 최고로 행복하다. 나는 작가의 꿈을 이루고 꿈만 같은 아름다운 감사한 일들을 매일 선물 받고 있다. 그래서 나는 사람들에게 꿈과 희망을 주는 멋진 작가로서 가족과 친구들에게도 멋진 딸, 멋진 친구가 되어줄 수 있었고 더욱더 좋은 멋진 사람이 되고 싶어졌다.

의식이 성장하고 내면이 단단해진 뒤로는 꿈이 확고해졌다. 한 번 살아가는 박지영의 삶 동안 정말 눈부시게 아름답고 멋진 인생을 살고 싶다는 생각을 하게 되었다. 원하는 꿈들도 계속 꿈꾸고 도전해서 하나씩 성취하고 인생을 더욱 아름답게 만들어가는 삶을 생각하니 매일 설레고 삶이 더욱 좋아졌다. 그래서 나는 항상 생각한다. 지금의 내가 하는 이런 멋지고 아름다운 생각들을 언제부터 하게 된 것일까? 라며 항상 나를 돌아보게 되었다. 그리고 그 생각들은 내가 책을 쓴 후에 이루어졌고 멋지게 가치관이 180도 변화했다는 사실을 깨닫게 되었다. 그래서 나는 지금 작가의 삶을 살아갈 수 있다는 사실에 진심으로 감사하고 있다. 내가 꿈꾸고 사랑하는 일을 하며 살아갈 수 있다는 것은 큰 축복이다. 내가 작가의 꿈을 이룬 뒤로 지금의 삶을 살아가는 내게 참 많은 변화가 생겼다. 꿈의 크기가 커졌고 하루가 불안했던 과거의 삶과 달리 미래는 아름답다며 꿈을 꾸는 삶을 살게 되었고 나의 모든 인생이 곧 희망이라는 사실을 배우게 되었다. 이보다 더 큰 가치가 있을까? 나는 희망으로 삶을 살아가는 멋진 작가가 되었다. 지금 이 글을 쓰면서도 나는 나의 미래가 너무 기대된다. 그리하여 더욱 밝고 아름다운 삶을 만들어낼 것이다. 나는 책을 쓰고 정말 많은 가치와 교훈들을 배우게 되었다. 앞으로의 나날들이 기대된다. 기필코 아름다운 미래를 창조해나갈 것이다. 인생은 풍요롭고 아름답기에 할 수 있다.

마지막으로 내가 정말 존경하는 스승님께서 해주신 말이 있는데 "성공해서 책을 쓰는 것이 아니라, 책을 써야 성공하는 것이다."라는 말이다. 나는 처음에 이 말의 의미를 잘 몰랐었는데 지금은 알 수 있다. 책을 집필하며 나는 눈부신 성장을 이뤄내고 성공은 끝에서부터 시작한다는 사실을 배우게 되었다. 그렇기에 나는 책을 써서 성공자를 꿈꾸는 삶에서 성공자로 다시 태어날 수 있었다. 모두의 삶은 정말 특별하다. 특별하지 않은 삶은 하나도 없다. 그렇기에 특별한 당신도 나의 이야기를 듣고 당신의 삶을 책을 통해 세상에 드러냈으면 좋겠다.

의욕 없던 삶이 다시 두근거리는 하루 10분 글쓰기의 힘

박지영_25살 작가로 내 인생이 180도 변했다

엄지언

약력 : 〈한국엄마공부코칭협회〉 대표, 유튜브 〈엄신TV〉, 두 아이의 엄마이자
　　　　베스트셀러 작가, 백만장자 메신저, 최고의 강연가이자 기적의 코치

저서 : 『예민한 아이 육아법』, 『엄마의 주식 공부』

책을 쓰고 파란만장했던
내 삶의 방향이 정해졌다

　최근 봄이 되어 씨앗 파종을 했다. 매년 그리하듯 방울토마토를 심었다. 일주일쯤 지나자 방울토마토 싹이 '쏘옥' 하고 흙 위로 올라왔다. 반가운 마음에 물뿌리개로 물을 칙칙 뿌렸다. 즐거운 상상이 시작되었다. 올해도 빨갛고 탐스러운 방울토마토가 주렁주렁 열리겠지. 아이들이 신나게 따서 맛을 보겠지. 먹다 남은 건 스파게티에 넣어 요리하겠지. 식물 고자였던 내가 이렇게 도시 농부로 거듭나다니. 처음 토마토를 심었을 때가 문득 생각났다.

　내가 베란다에 처음 심었던 건 토마토 씨앗이다. 심고 베란다에 두어

물주고 햇빛도 비추었는데 도통 자라지를 않았다. 그렇게 대실패를 겪은 후 다음 해에는 베란다 밖 창틀 텃밭에 토마토를 키웠다. 햇빛, 물, 바람 듬뿍 이런 정성이 없었다. 이번엔 성공하겠다며 잘 키우는 법 공부도 했다. 큰 열매가 열리도록 잔가지를 잘라내란다. 그 말을 따라 몇 개의 가지만 남겨 굵게 키웠더니 제법 달고 실한 열매가 열렸다. 토마토를 재배하며 내 인생과 비슷하다는 생각이 들었다.

나는 참 많은 일을 겪고 자랐다. 가정폭력과 학대 등 좋지 않은 가정환경에서 자랐다. 그런 와중 공부를 잘했고 학급 임원을 도맡아 했다. 하지만 가난으로 4년제 대학을 가지 못했다. 전문대에 들어가 컴퓨터 공학을 전공하고 회사에 다녔다. 돈이 필요해 주말 아르바이트로 모델 일을 했다. 어쩌다 가수 데뷔까지 했다. 쇼핑몰 사업으로 연 매출 10억을 달성하기도 했다. 그러다, 다 못한 공부에 미련이 남아 미국 명문대에 들어갔다. 올 A에 전액 장학금을 받았지만, 결혼 후 아이 낳고 육아가 힘들어 휴학하게 되었다. 나는 하고 싶은 게 너무 많았다. 할 줄 아는 것도 많았다. 다재다능하다고 사람들은 이야기했다. 그런데 다재다능의 다른 말은 다사다난이었다. 돌이켜보니 겉만 화려했지 알맹이가 없었다.

일찍이 엄마를 따라 미국으로 건너간 남동생은 한 우물만 팠다. 일식 요리사가 된 것이다. 처음에는 말단 아르바이트부터 시작했다. 뭐든 열심히 하는 남동생은 점점 높은 위치로 올라갔다. 나중에는 새로 낸 가게에서 요리에 경영까지 맡게 되었다. 후에는 라스베가스 유명 호텔에 취직하게 되었다. 거기서 다시 일개 직원부터 시작해 총주방장이 되었다. 젊은 나이에 남동생은 성공했고 지금 억대 연봉을 벌고 있다.

반면 내 인생은 갈팡질팡이라는 말이 딱 맞았다. 남동생을 보며 멋지고 대단하다고 생각을 했다. 그런데 이걸 하다 보면 저게 관심이 가고 저걸 하다 보면 또 이게 관심이 갔다. 할 일만 잔뜩 많아졌다. 방황은 그만하고 나도 한 우물을 파고 싶다는 생각이 들었다.

아이를 낳고 기질 공부를 하던 중 에밀리 와프닉 『모든 것이 되는 법』을 읽었다. 그에 의하면 다능인은 관심사와 창의적인 활동 분야가 많은 사람을 말한다. 여러 분야를 옮겨 다니며 새로운 지식과 경험을 습득하고 새로운 정체성을 시도하는 성향이다. 이들은 호기심이 많고 열정이 높다. 남다른 원석을 가지고 있다. 하지만 주의해야 할 것은 바로 직업과 생산성 그리고 자존감이라고 와프닉은 말한다.

쉽게 말해 생계를 유지하기가 쉽지 않다는 것이다. 잘못하면 반복해서 분야를 옮겨 계속 초보자에 머무르며 사람들의 오해를 사게 된다. 그럼에도 그는 다능인의 기질을 눌러서는 안 되며 오히려 이를 역이용하라고 말한다. 우선순위 프로젝트를 정해 생산성을 높이되 대기 프로젝트는 적당히 탐험하라고 했다.

　그의 말을 참고해 실행하니 조금 균형이 잡혔다. 아이를 키우니 자연스레 선택해야만 했다. 시간이 한정되어 있기 때문이었다. 그 결과 한 분야를 깊게 파게 되었다. 육아에 집중하며 육아서 천 권을 읽었다. 기질과 성격 교육 등 많은 부분을 통달하게 되었다. 나는 이제야 비로소 길이 정해졌다고 생각했다. 육아 쪽으로 가야겠다 생각했다. 점을 찍고 앞으로 나아가고자 육아서 출판을 시도했다. 그런데 수년간 여러 번 결과가 좋지 않았다. 많은 일을 겪었고 남편과 사이도 소원해졌다. SNS를 오래 했지만 남 좋은 일일 뿐 실속이 없었다.

　그러다가 김도사님을 만났다. 2020년 8월 30일 1일 특강이었다. 맨 앞자리에 앉게 해달라고 부탁드렸다. 내가 김도사님을 찾아갔던 중요한 이유 중 하나는 '의식' 때문이었다. 평소 내가 옳다고 생각하던 것들을 김도사님은 거리낌 없이 말씀하셨다. 아직 세상의 고정 관념이 많아 결코 드러내기 쉽지 않은 것들이었다. 나도 SNS에 의식적인 성찰을 자주 올리다가 좌절한 적이 있기 때문이었다. 정말 대단한 분이라는 생각이 들었다. 이런 높은 의식이라면 세계 책 쓰기 1등 코치라는 타이틀도 당연하다 생각했다. 눈을 반짝이며 몰입해 강연을 들었다.

나는 출판하려고 이렇게 오래 고생했는데 지름길이 있다니. 거기다 출판이 모든 스펙을 뛰어넘는다니. 허울 아닌 진짜 실속이라니. 인생을 한 번쯤 정리하고 한 단계 높은 수준으로 나아가고 싶던 나였다. 바라는 모든 것이 〈한책협〉에 있었다. 김도사님께 도와달라고 이야기했다. 묻지도 따지지도 않고 과정에 등록했다. 처음 자기소개서 써냈던 날이 기억난다. 나는 자기소개서에도 그동안의 많은 인생 이야기를 담았다. 그게 나였기 때문이다. 너무 많아서 뭘 해야 할지 모르겠다고도 했다. 그러자 김도사님은 나에게 길을 알려주셨다.

책 쓰기와 1인 창업 과정을 배우는 것을 넘어 김도사님을 만날 때마다 좋은 일이 일어났다. 좋은 꿈들도 꿨다. 안 좋은 일은 막아지기도 했다. 거기다 나까지 의식이 트였다. 추천도서를 시작으로 의식 책을 수시로 읽기 시작했다. 또한, 내 삶부터 기적을 이뤄 증명하는 사람이 되었다.

그렇게 『예민한 아이 육아법』을 2주 만에 썼다. 투고하고 3분 만에 연락이 와 계약하게 되었다. 예민한 아이 육아법은 현재 12주차 베스트셀러를 기록하고 있다. KBS에서 출연 제의가 들어왔다. 문화센터 강연 요청이 이어졌다. 모든 게 기적이었다. 나에게 놀라운 일이 또 일어났다. 곧바로 다른 책이 계약된 것이다. 나는 육아를 하면서 투자를 병행했다. 결과가 좋았고 때마침 권마담님의 '한국라이프석세스스쿨 나를 드러내기' 이벤트로 SNS에 올렸다. 첫 출판 계약을 하고 나니 다른 곳에서 이 투자 이야기를 쓰자고 했다.

그렇게 두 번째 책 『엄마의 주식 공부』 책이 출판되었다. 본좌클래스 책 쓰기 수업을 듣고 복습하며 한 달 만에 원고를 완성했다. 출판하고 얼마 지나지 않아 국내 도서 100위권에 랭킹되었다. 승승장구라는 말이 절로 나왔다. EBS를 비롯한 각종 방송사에서 출연 요청이 왔다. 엄마의 주식 수업 1기 과정을 모집해 수업을 시작했다. 될까 싶었던 것들이 모두 하나 씩 이루어졌다. 통장에 계속 돈이 들어왔다. 꿈을 꾸는 것 같았다. 너무 기쁘고 감격스러웠다. 그런데 또 한편으로는 앞으로 어떻게 내 길을 가 야 할까 고민이 되었다. 갈래 길에서 또다시 갈팡질팡 고민이 시작되었 다. 그런 내게 김도사님은 다시금 방법을 알려주셨다.

먼저 재테크 쪽으로 자리를 잡고 육아 분야는 하나씩 해나가라고 조언 해주셨다. 생각하던 사업들은 취미처럼 접근하라고 말씀해주셨다. 처음 에는 머리가 혼란스러웠다. 하지만 생각을 거듭하자 점점 속이 후련하고 고민이 말끔히 사라졌다. 심장이 새롭게 뛰기 시작했다. 이게 옳다는 생 각이 들었다. 하마터면 에너지를 분산시켜 이도저도 안 될 뻔했겠다는 생각이 들었다. 순차적인 목표가 생기니 잡생각이 확 줄어들었다. 그렇 게 생각을 정리하자 또 다른 출판사에서 연락이 왔다. 투자 재테크 관련

세 번째 책을 써보자는 이야기였다. 내가 가는 길이 맞다는 우주의 신호라고 느껴졌다. 늘 생각이 많고 아이디어가 범람하던 나의 인생에 변화가 느껴졌다. 장점은 극대화되고 단점은 줄어들기 시작했다.

잔가지와 꽃을 무한 생성하던 나, 다 해낼 체력과 시간이 부족한데도 정리하지 못하던 나는 김도사님과 권마담님을 만나 비로소 선택과 집중을 하게 되었다. 우선순위를 정하고 하나씩 해나가게 되었다. 세계 1등 코치에게 코칭 받는 만큼 나도 이렇게 앞으로 세계 1등의 자질을 키워갈 것이다.

이 모든 것은 책을 쓰고 내 인생을 정리하며 시작되었다. 책은 나에게 열매다. 내 인생의 열매. 바람 잘 날 없던 나에게 비로소 맺힌 굵은 열매. 책을 씀으로 내 인생의 방향이 정해졌다. 나처럼 뭔가 잘하는 듯하면서 인생이 어수선한 사람은 꼭 책을 쓰길 바란다. 예전엔 나 자신을 짧은 시간 안에 제대로 설명하기 어려웠다. 하지만 이제는 책 하나만 내밀면 모든 일이 순조롭다. 에너지가 필요한 곳에 효율적으로 집중되어 일이 더욱 잘 풀린다. 나는 이제 밤에 두 다리 뻗고 푹 잔다. 내 인생이 그렇게 됐듯 올해 우리 집 토마토도 풍년일 것이다.

연화민서

약력 : 제주대 사회복지학과 재학 중, 제주여행 스냅 작가

저서 : 『오늘부터 행복한 사람이 되는 법을 가르쳐드립니다』, 『보물지도 22』
     (공저)

책을 쓰고
진짜 내가 좋아하는 일을
찾게 되었다

    사람이 살아가면서 자기 생각에 고집이 없다면 이상하게 여겨지는 분위기 탓도 있지만, 대부분 모든 변화에 적응하며 살아갈 것이다. 사람들은 도전과 실패를 얼마나 경험할까? 사업을 기획해보기도 하고 무모하게 다른 사람들의 영향으로 실패도 해봤으며 육체가 고달픈 일도 많이 해봤다. 그러면서도 내 인생에 하고 싶은 일은 무언지 궁금해하지도 않았다. 그러나 책을 쓰고 난 뒤 인생의 커다란 변화에 지금 나는 내가 좋아하는 일을 기획하며 삶의 방향을 잡았다.

    뭐든 변화를 시키려면 무엇이 필요한가를 생각해봤다. 한 번도 의식에 관해 생각해본 적이 없던 시간, 책 쓰기를 통해 전해지는 의식은 처음 해외여행 가서 길을 헤매고 다녔던 고달픈 감정이었다. 책 쓰기를 통해 의식이라는 단어를 접하고 이것을 알려준 스승님이 계신다. 어떻게 살아야 하는지 무엇을 위해 살아야 하는지 끝없이 반복되는 독서와 영상에 의한 의식의 힘은 굉장했다. 그때는 무모한 도전이었다. 그런데 길을 따라와 보니 다른 세상에서 살아가고 있다.

보통 사람들이 가르쳐주지 않는 그런 메신저를 담고 경험해온 모든 지식을 풀어냈다. 그 일이 소명이라고 느끼는 것 같다. 그분은 〈한국책쓰기 1인창업코칭협회〉의 대표 김도사님이시다. 방법을 제시해주면서 책 쓰기의 모든 것들을 가르쳐 주신 덕에 한 권의 책이 출판되었다.

스스로에 대한 자존감이 낮으면 모든 삶이 엉망이 된다. 그 원망을 타인에게만 전한 것 같다. 의식이 문제였던 것을 모르고 사람들 대부분은 왜 이렇게 살아가는지도 모르고 살아간다. 나 역시 책을 쓰기 전에는 몰랐다. 힘듦이 하나씩 정리가 되어가고 가까이 있는 사람들과의 소통이 자연스러워지면서 어떤 강박으로 인한 사람들과의 관계를 회복함에 따라 내가 하고 싶은 일들도 점차 생겨나기 시작하고 관심 있는 일들이 눈에 보이기 시작했다. 나의 감정에 충실하다 보니 먼저 말을 건네고 행동이나 언어가 불쑥 자동반사로 긍정적으로 되어버린다. 녹록지 않은 과거와 비교했을 때 가장 변화가 큰 모습이다. 스스로 깜짝 놀랄 정도로 대화

162

를 하고 있고, 스스로 좀 더 대화의 기법을 공부해보기도 했다.

책이 주는 행복이 내가 좋아하는 새로운 일을 찾게 했다. 사회복지와 관광, 제주 여행 스냅을 접목해 치유의 섬 제주에서 마음치유 스냅 작가로 일을 해보고 싶다. 나의 경험, 노하우, 트라우마를 이겨낸 감정과 함께 행복을 기록할 수 있는 사진으로 사람들과 소통을 하는 일이다. 여행과 치유 그리고 사진도 찍고 상담도 할 수 있는 작가가 될 것이다.

힘들 때 견뎌냈던 감정과 행동들, 잘못된 선택을 하면서 절망했던 순간들, 무수히 많은 힘듦을 겪어내었던 경험으로 책을 통해 소통하며 높게만 생각했던 평생학습을 시작했다.

멈춰 있던 성장을 한 계단 한 계단 올라서면서 스스로 변화됨에 나의 책을 통해 타인들도 삶의 터닝포인트가 될 수 있는 기회를 만들 것이다. 무수히 많은 지식인도 있고 자신이 가고자 하는 길에 책은 자동차의 엔진과 같다는 생각이다.

남들에게 보이기 위한 모습이 아닌 내가 하고 싶은 일을 이제 반평생 살아내니 찾게 되었다. 김수영 저자의 『멈추지 마, 다시 꿈부터 써봐』, 권동희 저자의 『미친 꿈에 도전하라』는 읽는 내내 두근거림과 떨림이 반복되었다. 책 쓰기를 통해 접한 베스트 책이었다.

책이 주는 힘은 굉장하다. 책을 쓰고 난 후 내가 말할 수 없을 만큼 사람들에게 영향을 끼치고 있어서 놀랐다. 책이 나왔다고 해도 '정말일까?' 하고 세상의 모든 시선으로부터 도망치고 싶었다. 어떻게 표현했는지 기억이 나지 않았다. 얼굴도 모르는 사람들이 문자를 보내고, 응원을 해주고, 소소한 감사의 인사를 전해왔다. 책이 주는 힘은 상상했던 것보다 뜨거웠다. 한 분 한 분 공감하고 소통하는 모습에 새삼 인생의 고비에 마음을 기댈 수 있는 사람이 되고 싶다는 생각이 들었다.

진짜 내가 좋아하는 일을 찾기 위해서 나는 무엇을 잘하는지, 무엇을 하고 싶은지 나에게 질문을 하기 시작했다. 애써 큰 꿈을 그리려 하지 않는다. 애써 남에게 잘 보이려고 하지도 않는다. 나에게 수없이 질문을 던지며 대답했다. 당연한 것이다. TV 프로그램 〈세상에 이런 일이〉를 보면 '와~와~와~!!!' 세상 속 모르는 사람들이 행복을 만끽하며 살아가는 모습을 부러워했다. 그들이 그렇게 선택하듯 나 또한 내가 좋아하는 일을 선택하고 싶었다. 요즘 직업을 하나만 가지고 있는 사람들이 줄어들고 있다. 멀티로 일해야 하는 세상인 것이다. 그럼 내가 잘하는 일은 무엇일까? 사람들의 말에 경청을 잘하는 부분이 있는 것 같다. 그리고 소소하게나마 책 한 권을 출간하는 과정을 겪다 보니 더 글을 쓰고 싶은 욕구도 많아졌다. 그리고 내가 좋아하는 사진으로 치유의 섬 제주에서 사회복지를 공부하고 심리 상담가로 포지셔닝하면서 스냅 사진을 접목해 여행길 힐링과 치유를 동시에 전달할 수 있는 전문가로 성장하고 싶다.

우리 모두 너무나 소중한 삶을 살아가고 있다. 그래서 다양한 감정들을 케어해야 한다. 과정을 겪어낸 것을 직면하고 의식을 전환함으로써 좀 더 행복하게 살아갈 수 있지 않을까?

천재 작가 김도사님은 정말 도사인 것 같다. 누구도 범접할 수 없는 의식 수준과 함께 행동 패턴까지 만들어내면서 내면의 치료를 할 수 있게 계기를 만들어주고, 습관이 될 수 있게 새벽까지 지도해주셨던 열정이 아직도 생생하다. 책 한 권을 완성시키기까지 우주의 법칙이 나를 끌어당김을 느꼈다. 나는 스스로 힘을 기를 수 있었고 세상이 바뀌었다. 일반 사람들도 다양한 책을 쓰려 하고 다양한 플랫폼으로 소통하며 자신을 위해 그리고 더 넓은 의미로는 모든 사람이 행복을 위해 소통해야 한다. 그 중 제일이 책 쓰기인 것 같다.

누구나 삶의 방향을 바꿀 수 있다. 예전에는 팔자타령이라는 문구를 좋아했지만, 지금은 아니다. 미운 오리 새끼처럼 어딜 가든 빙빙 맴도는 나를 보고 싶지 않았던 마음으로 열정을 다 해봤던 책 쓰기를 통해 힘을 키울 수 있었고, 운명을 만들어낼 수 있었던 것이라는 생각이 든다.

미래를 예측할 수 없는 지금의 시대에 많은 사람이 미래를 두려워하는 마음을 갖고 있을 것이다. 좋아하는 일을 하면서 동시에, 그 불안과 두려움들을 함께 공유하며 치유받도록 하는 사회적 기업을 만드는 게 나의 꿈이기도 하다.

연화민서_책을 쓰고 진짜 내가 좋아하는 일을 찾게 되었다

라디오는 공감일 것이다. 어릴 적부터 라디오 마니아였던 나는 사람들이 하고 싶은 말을 하는 공간을 만들고, 소통과 감동이 있는 사람들의 삶 이야기를 잘 들어주는 사람이 되고 싶었다. 글로만 적어두었던 나의 오래된 기록들에 이제는 하나씩 도전을 해볼 것이다. 기회를 단계별로 오르는 과정이 녹록지는 않겠지만 좋아하는 일을 하며 또 다른 나의 책을 다시 펴내고 싶다.

결국, 책을 쓰고 난 후 나의 모습은 상상도 못 해본 길을 걸어가고 있다. 사람들은 생각대로 살아간다고 생각할 것이다. 하지만 그 생각대로 되는 현실은 얼마나 되는지 궁금하다.

책을 쓰면서 마주했던 나의 감정들로 치유하며 적어낸 나의 삶의 기록과 내가 아닌 다른 사람처럼 살아간 시간이 준 보상처럼, 지금은 주변이 너무나 행복한 독자들과 새로운 지인들로 형성되면서 또 다른 나의 길을 걸어가고 있다. 만나는 사람들이 바뀌면서 나의 생각과 행동에도 많은 변화가 생겨났다. 사람 사이의 관계에서도 책에 관심이 많은 사람하고 소통하며 행복한 기획과 기회가 많이 생겨났다. 남의 시선에 이제는 쓰러지지 않는다.

선한 영향력을 펼치고 싶었지만 기회와 현실이 외면했던 지난 시간을 보상받듯이, 지금 나에게 집중하며 지금의 내가 할 수 있는 일들을 찾아 나에게 맞는 속도와 방향으로 하고 있다. 제주의 자연과 함께하는 일반인 방송을 통해 소통할 수 있는 방향을 찾았다. 언제나 편안하게 찾아올 수 있고, 엄마의 자궁처럼 따뜻한 사람으로 누군가에게 기억되고 누군가에게 위안이 되는 방송을 하고자 노력한다. 더불어 변화되는 모든 것을 기록하며 내가 느끼는 행복과 보람은 온 국민이 작가의 길을 걸어야 하는 이유가 될 만큼 크다. 자신의 삶을 그려낼 수 있는 힘을 기르며 글로 표현하는 책 쓰기를 통해 행복을 꼭 느꼈으면 한다. 책 쓰기가 캠페인처럼 많은 사람에게 소통의 공감 도구가 됐으면 한다.

연화민서_책을 쓰고 진짜 내가 좋아하는 일을 찾게 되었다

이종혁

약력 : 〈한온시스템〉 팀장 근무 중, 독서 애호가로 다독 수행 중
저서 : 『고수는 알고, 초보는 모르는 직장생활 성공비법』

성공에 대한 책을 쓰고
도전을 배웠다

"이제 시작이다. 도전만 하면 된다."

어느 멋진 책에 나오는 구절 같다고요? 그렇습니다. 평범한 직장인인 제가 쓴 책『고수는 알고, 초보는 모르는 직장생활 성공비법』맨 마지막에 나오는 문장입니다. 멋진 문장이고, 책을 쓰며 제가 배운 무엇과도 비교할 수 없는 가치 바로 '도전'입니다.

25년 직장인으로 성실하게 앞만 보고 달렸는데, 어느덧 브레이크가 걸렸습니다. 방향감을 잃어 헤매고 있었습니다. 조지 버나드 쇼가 말했습니다. "우물쭈물하다가 내 이럴 줄 알았다." 마치 내 마음을 아는 것처럼,

저에게 다정히 말하는 듯했습니다. 우물쭈물하는 불안한 마음에 평소에 읽지 않던 책을 보았습니다. 처음엔 그저 도서관에 있던 성공한 사람들의 이야기, 일 잘하는 사람들의 이야기를 읽었습니다. 평소엔 책 읽기에 집중이 되지 않았던 것도 한 번 빠져드니 집중 독서 속으로 들어갔습니다. 주말을 온종일 책에 빠져 읽다 보니 불현듯 책을 써보면 어떨까 하는 희망 사항이 생겼습니다.

많은 책 속에서 운명이랄까? 책 쓰기 코치 김태광 코치님을 만나 책 쓰기 과정을 수료했습니다. 평범한 직장인인 내가 성공이라는 주제로 책을 쓴다는 사실에 두려움이 앞섰습니다. 특히 회사에서도 중간 관리자에 불과한 내가 성공에 대해 글을 쓴다는 것에 쏠릴 남들의 시선이 많이 신경 쓰였습니다. 한 일주일은 밤잠을 설쳤습니다. 실로 온몸의 긴장이 보름 정도 이어졌습니다. 그러나 무엇인가 끌리는 힘이 있었습니다. 긴장의 연속이어도 피곤한 줄 몰랐습니다. 한 꼭지 한 꼭지 정성을 들여 쓰면서 이중생활이 시작되었습니다. 낮에는 직장에서의 보고, 생산 현황 점검, 교육 등 현실과 부딪히며 힘들어도 저녁에는 작가로서 고뇌하며 글을 쓰는 게 재미있었습니다.

어쩌면 내면의 변화는 책이 출간되기 전부터 이루어졌는지 모르겠습니다. 낮에 회사에서 힘들고, 짜증 나는 일상에서 나를 속이기 힘들었습니다. 겉으로 바로 표현되는 스타일이었고 나 또한 나를 속이기 힘들었습니다. 스스로 만족하지 못하는 일상의 연속이었습니다. 하지만 원고를 쓰는 동안 내가 변하고 있다고 생각했습니다.

"어, 안 될 일이 없는데, 하면 되지 않을까?"

초긍정으로 생각하게 되었습니다. 제품의 품질 문제 등으로 평소 짜증이 나던 상황도 내 마음에서 한 번 걸러졌습니다. 생각이 깊어져서일까? 내 마음의 아량이 넓어졌습니다. 평소 관찰을 잘하는 한 후배가 "부장님, 요즘 변화가 있는 것 같아요." 하는 것이었습니다. "무슨 변화?" 했더니 좀 착해진 것 같다는 것이었습니다. 차마 책을 쓴다고는 말하지 못하고 책을 많이 읽는 중인데 정화되는 모양이라고 얼버무렸습니다. 여러 어려움을 넘어 드디어 원고가 완료되는 날 무언가 희열이 있었습니다. 드디어 해냈다는 자신감, 만족감이 충만했습니다. 나도 진짜 작가가 되나? 하는 생각이 머리에서 맴돌았습니다. 동료들에게 어떻게 전할까 하고 행복한 고민을 하기도 했습니다. 그러나 시련의 연속이었습니다. 투고 후 좋은 출판사 사장님을 만났습니다. 직장인은 회사에서 출간에 대한 승인을 받는 게 안전하다는 조언을 해주셨습니다. 경험에 의하면 책 내용 문제로 책을 만들어놓고 출간하지 못하는 사례를 설명해주셨습니다.

승인을 위해 처음 임원에게 사실을 알리고 인사팀 및 법무팀에 원고를 넘겨 승인을 요청했습니다. 평소 내가 가장 존경하는 임원께서는 원고를 보고 첫 마디가 "와우!"였습니다. 내가 더 놀랐습니다. 하지만 이후 기다림의 연속이었습니다. 불안했습니다. 보수적인 회사에서 출간을 승인해주지 않으면 어떻게 하지 하는 마음이 있었습니다. 1주는 기다림으로, 2주는 설마 별일 있겠어, 3주가 되고부터는 원고를 다시 쓰기 힘든데 하는 불안감이 있었습니다. 나도 처음이지만 대기업에 속하는 회사에서도 긴장했답니다. 직원이 당당하게 책을 출간한다고 승인을 검토하기는 처음이라 규정도 찾고 여러 가지 고민을 했답니다.

드디어 3주 차에 애간장을 태우던 회사가 승인을 허락하여 책 제작에 들어갔습니다. 금년 1월에 고급스런 표지로 제 저서가 드디어 출간되었습니다. 회사 동료들의 반응은 뜨거웠습니다. 평소 책을 많이 읽지도 않은 사람들이 대부분인데 책을 썼다고 하니 신기해하고 부러운 눈길이 가득했습니다.

여러 부류의 동료 반응이 재미있었습니다. 첫 번째는 직장에 다니며, 책을 쓴다는 자체를 경외의 대상으로 보는 부류입니다. 이분들은 주로 책을 많이 읽지 않은 분들로 이후 저를 보는 눈길이, 좋게 보면 높게 보는 것을 제가 느꼈습니다. 두 번째는 직장에 같이 다니며 언제 책을 쓴 거지? 자료 조사하고 책을 쓴다는 생각도 하지 못할 도전을 했네 하고 부러움의 대상으로 보는 눈길입니다. 또 내가 관심을 가지고 대화를 하다 보면 첫 번째, 두 번째 부류의 동료들은 부럽고 잘했다고 생각하면서도 실제로는 책을 읽지는 않은 사람이 많았습니다. 세 번째는 책을 빨리 읽고 논평을 해주는 동료들입니다. 보다 적극적으로 책에 관해 질문하는 부류입니다. 책을 쉽게 잘 썼다는 의견부터 회사 이야기가 많아 읽기 쉬웠다는 내용이 있었습니다.

사실 내가 쓴 책에 관한 이야기여서인지 실제 책을 읽고 말하는 동료에게 더 관심을 보이게 되고 이야기하는 경향이 있었습니다. 책에 내가 일부 소개되어 있고 내 생각이 많이 들어간 책이다 보니 나를 다시 알게 되었다는 이야기를 많이들 해주었습니다. 무엇보다 나를 존중해주었고, 내 자존감이 상승하는 내 만족감이 있었습니다.

또 반전도 있었습니다. 3주간의 승인 검토로 저의 애간장을 태우던 회사가 많은 응원을 보냈습니다. 책이 나오고 임원 및 동료들에게 알리고 일부 책을 선물했습니다. 어떤 임원분은 진정한 자기계발을 했다고 정말 많은 칭찬을 해주셨습니다. 월간으로 발행되는 회사 소식지가 있습니다. 대부분은 회사의 알림에 해당하는 공유 내용이 대부분이고, 최신 기술 경향 등을 소개하는 내용입니다. 개인적인 사항은 없는데 저를 처음으로 제 출간 소식과 함께 저자로서 회사 독자들에게 소개하는 자리도 만들어주셨습니다. 동료가 아닌 회사 독자들에게 글을 쓰면서 제 자존감은 25년 회사생활 하면서 느껴보지 못한 감정이었습니다. 이후 많은 동료로부터 진심 어린 축하를 받았습니다.

실제 내가 작가로서 자존감이 상승할 때가 있었습니다. '진짜 내가 작가구나.' 생각했습니다. 내가 사는 평택에 평소 자주 가던 제일 큰 서점 비전문고가 있습니다. 평소 책을 자주 구매하다 보니 서점 직원과 잘 아는 사이가 되었습니다. 내 책이 출간되어 내 책을 찾아보았습니다. 서점을 자주 이용한 나로서도 찾을 수 없었습니다. 직원이 찾아준 곳은 구석진 곳이었습니다. 사실 내가 쓴 책이라고 하자 메인 매대에 전시하는 배려를 해주었습니다. 직원의 존칭도 바뀌었습니다. 고객님에서 작가 선생님으로. 며칠 후 방문 시 제 책을 읽었다고 했습니다. 진솔함이 묻어나는 내용이 구성진 좋은 책이라고 평해주었습니다. 선생님 책을 구매해야 하는데 못 해 미안하다고 하길래 다음 날 내 사인이 들어간 책을 선물로 주었습니다. 진솔한 대화가 이어졌습니다. 서점 직원이다 보니 베스트셀러 추이에 대해 잘 알고 있어서인지 좋은 조언도 해주었습니다. 요즘 잘 나가는 책이 밀레니얼 세대와의 소통을 다룬 내용이라고 하면서 관련 책을 추천해주었습니다. 다음은 이런 부분에 대해 저술해달라고 했습니다. 대화할 때 나의 위치 상승을 다시 생각하게 되었습니다.

또 한 번은 집 근처 독자로부터 메일을 받았습니다. 책을 구매해 읽어보니 직장인에게 좋은 내용이 있었는데, 근처에 같이 있어 메일을 보냈다고 했습니다. 몇 번의 메일을 주고받은 후에 차를 같이 하는 자리가 있었습니다. 처음 마주하는 진정한 독자와의 만남이었는데 내가 작가로서 자존감이 높아졌다고 생각했습니다. 내가 쓴 책으로 선한 영향력을 주고 있구나 하고 생각했습니다. 내 삶의 변화가 시작되었구나 하고 생각했습니다. 특히 본인도 8년 차 대리 직장인이었던 한 독자가 책을 읽고 감명받은 부분을 이야기해주었습니다. 제 책 내용 중 하나인 두괄식으로 표현하는 보고 방식을 처음 알았다고 했습니다. 실제 두괄식 보고 표를 보고 몇 번의 보고를 책 내용대로 시행했더니 상사로부터 보고가 좋아졌다는 칭찬을 들었다고 합니다.

또 목표를 가지고 계획적 업무를 위한 스킬인 '20:80 법칙'을 이용한 자기 주도 업무와 10분 생각하기를 실천하였답니다. 이후 하루의 일과가 빈틈없이 추진되는 향상이 있다고 했습니다. 자신도 사무직 생산, 생기 업무를 하는데 "思務職(사무직)"이라고 크게 써서 저처럼 따라 했답니다. 실제 계획에 대해 생각을 자주 하게 되고 행동도 변화하는 현상을 느꼈다고 합니다.

차를 마시며 더 좋은 이야기를 2시간이 넘게 나눴습니다. 시간 가는 줄 몰랐습니다. 한참을 지나서 '내가 지금 코칭하고 있구나.'라고 생각했습니다. 코칭 내내 내가 더 들떠 있었던 것 같습니다. 내가 비로소 작가구나 하는 생각과 더 좋은 책을 신중히 써야 한다는 생각이 들었습니다. 오히려 내가 더 배우는 계기가 되었습니다. 어쩌면 첫 컨설팅이었는지 모르지만, 커피값은 제가 냈습니다. 내 마음의 깊이와 넓이가 더 커졌습니다.

내 마음속의 후련함이 있었던 건 다른 무엇보다 감사함을 느꼈을 때입니다. 책이 나오고 대부분 카톡으로 친구, 형제들과 기쁨을 누렸습니다. 하지만 카톡 등 SNS에 서툰 부모님에게는 직접 책을 들고 전했습니다. 제가 시간을 가지고 이런 책을 출간했습니다 하고 전했습니다. 평소 표현이 없고 근엄하시던 아버님이 기뻐하시는 모습에 정말 잘했다는 생각이 들었습니다. 원고를 쓰고, 책을 기다리며 했던 마음 앓이가 다 녹는 듯했습니다. 처음에 5권을 드리며 혹시 나눠줄 분 있으시면 주시라고 했습니다. 한참을 지나 책은 어디서 구하는지 조용히 물으셨습니다. 책은 동네에 있는 교보문고에 가면 구매할 수 있다고 전하며, 더 필요하시냐고 물었습니다. 아니나 다를까 사회생활을 많이 하신 아버님이 더 책이 필요했던 모양입니다. 추가로 10권을 더 드렸습니다. 근래 부모님이 좋아하시는 모습을 보니 내 마음이 후련했습니다. 책을 쓰고 얻은 기쁨이었습니다. 부모님에게 자랑할 것 없던 철없는 자식이 효도했다는 생각에 감사의 기도를 드렸습니다.

지금은 직장생활을 하면서 여유가 생겼습니다. 사물과 현상을 보는 시각이 변한 것 같습니다. 평소 제 닉네임이 '독촉'으로, 다소 다그친다는 부정적인 시각이 있었습니다. 하지만 마음의 안정이랄까요. 도전하면 안 될 일이 없다는 자신감이 마음 한구석에서 응원하는 것 같습니다. 최근에는 또 한 번의 도전을 하고 있습니다. 두 번째 책을 집필하고 있습니다. 내 머릿속에 있는 긍정의 에너지를 현실의 종이 위에 마음껏 펼쳐 보여주고 있습니다. 글을 쓴다는 것에는 묘한 매력이 있습니다. 저 자신도 미처 알지 못했던 재능이었습니다. 글을 쓴다는 것은 특별한 사람들만이 하는 일로 알았습니다. 될 수 있다는 믿음으로 도전을 해보니 불가능한 것이 아니었습니다. 작가가 된 기쁨보다 사실 도전했다는 저 자신의 행동에 더 높은 가치를 주고 있습니다.

우물쭈물하는 시기가 있었습니다. 이 긴 터널을 지나온 듯합니다. 책을 쓰고 많은 꿈이 생겼습니다. 버킷리스트 50을 적어놓은 게 있습니다. 모두 이루어진다는 믿음이 있습니다. 책과 관련해서는 10권의 책을 저술하는 계획이 있습니다. 우물쭈물할 시간이 없어졌습니다. 무엇이든 할 수 있다는 도전적인 마음이 제가 얻은 값진 가치였습니다.

다시 시작입니다. 도전만 하면 됩니다. 같이 해보시지 않겠습니까?

이창순

약력 : 선한 영향력을 끼치는 동기부여가, 자기계발 작가, 가정행복 코치, 펜
　　　션 운영자, 발효곶감 전문가

저서 : 『결혼생활 행복하세요?』, 『버킷리스트 23』(공저)

경제적 자유인이 되고
가정이 행복해졌다

책을 쓰고 달라진 점이 있을까? 개인 저서 『결혼생활 행복하세요?』가 출간된 지 8개월이 지나갈 즈음에, 책을 쓰고 난 이후를 돌아본다. 가장 크게 나타난 변화는 경제적으로 자유인이 되었고, 가정이 행복해졌다는 것이다. 많은 변화를 가져오게 한 계기는 2020년 1월부터다. 코로나19가 시작되면서 펜션 운영도 되지 않고 발효곶감 주문도 저조했다. 2월부터는 코로나19가 더욱 심해졌다. 단체 활동이나 외부 활동에도 제동이 걸렸다. 최소한의 사람만 만났다.

코로나19 시국에 무엇을 할 수 있을까? 빨리 멈추지 않을 것 같은데 무엇을 해야 하나 고민하며 위기를 기회로 삼을 일을 찾았다. 유비무환, 이

때를 위하여 10년 넘게 정보화의 실력을 키웠던 것인가. 온라인으로 할 수 있는 것을 찾아보자. 와중에 어느 날 동생뻘 되는 사람을 만났다. 그는 이야기하다가 나보고 "책을 한번 써보시지 그래요."라고 말한다. "응. 언젠가는 책을 쓰려고 하지. 블로그를 시작할 때 책을 쓰려는 목적도 있었어."라고 하자 그는 "지금 써봐요." 하고 말한다. 그러면서 "책은 성공해서 쓰는 것이 아니라 책을 써야 성공한대요."라고 한다. 그 말을 듣고 아직은 아니라고 하면서 집으로 돌아왔다.

'10년 전에 문경의 산골로 들어오면서 책을 쓰겠다고 했었지. 왜관에 살 때 한 문학회 활동을 할 때 창작도 했었지. 그러다가 좀 더 체계적으로 배우고 싶어서 대학교에 갔었지. 이후 문경에 와서는 책도 보지 않고 살았네. 책은 아무나 써도 될까? 책은 자기 자신을 극복한 사람이나 성공한 사람이 써야 하는 거잖아. 우선 가족 간의 불편함도 없어야 독자에게 할 말이 있지 않나?'

다행히 새어머니와의 관계는 극복했는데 남편에게는 아직도 불편한 감정이 남아 있고, 소농의 모델로 3억을 벌자는 목표도 이루지 못해 매출도 1억이 되지 않는다. 책을 쓴다면 무슨 이야기를 할까? 성공하기 전에 책을 먼저 쓴다고? 밤에 잠을 자면서도 생각했다. 자고 일어나니 불현듯 책을 쓰고 싶다는 생각이 들었다. 그에게 책 쓰기를 가르쳐주는 곳을 좀

180

의욕 없던 삶이 다시 두근거리는 하루 10분 글쓰기의 힘

알려달라고 했다. 그는 자기가 보고 있는 『100억 부자 생각의 비밀』이라는 책을 찍어서 폰으로 보내주었다. 당장에 서점에 책을 주문했다. 카페를 찾아 가입도 했다. 책이 오는 동안에 유튜브도 찾아보았다. '바로 이거다.'라는 생각이 들었다. 카페에 2월 15일에 1일 특강 안내가 있었다. 당장 신청을 했다. 무슨 일을 하려면 많은 생각을 하는 신중한 스타일이었는데 이때는 후닥닥 서둘러 결정을 하였다.

세상에 이런 일이? 2020년 2월 15일에 진행되는 1일 특강에 참석하였다. 수업이 시작되기 전에 영상을 보여주고 있었다. 책을 쓴 많은 작가와 〈한책협〉 대표이자 코치인 김도사님이 소개되었다. 도사님의 이력을 보고 놀랐다. 어떻게 7전 8기도 아닌 500번이나 원고를 들이밀 수 있단 말인가. 또 24년간에 책을 250권 썼다고 한다. 9년 동안 1,000명의 작가를 배출했다고 한다. 초등학교 교과서에 16권이나 실렸다고 한다. 이에 그치지 않고 1인 창업으로 성공한 사례까지 보여준다. 책 쓰기도 어려운데 창업 코칭까지 한다니 믿기가 어렵다. 이런 일이 있을 수 있나. 분위기가 마치 다단계 같은 느낌이 들었다. 정말일까? 소개되는 작가들과 책 제목을 서점에서 검색했더니 정말이었다.

그럼 나도 책을 쓸 수 있을까? 도사님이 이러저러한 이야기를 하신다. 그런데 그중 이렇게 말씀하셨다. "나이 든 사람들은 지도하기가 어려워요. 그래서 55세까지로 제한했어요." 앗! 나이 제한에서 10년이나 물러나 있는 내가 보였다. 내가 나이를 먹었구나. 건강 관리를 한 후 나이를 잊고 살았는데 나이 제한에 위축이 되었다. 그 생각도 잠시, '다른 사람이 하는데 내가 왜 못 해! 나는 30대 우리 딸과 아들보다도 체력이 더 강한데 말이야.' 하는 결심이 들었다. 여차여차하여 수업에 등록했다. 책 쓰기 수업 첫날에는 강의실에서 수업을 받았다. 이후 코로나19가 확산이 되어 화상 수업을 하게 되었다. 책 쓰기 과정 수업은 전광석화같이 빠르게 지나갔다. 20명과 함께 6주간의 책 쓰기 과정을 수료하였다. 책 쓰기 과정 중에 『버킷리스트23』도 공저하였다. 1개월 만에 원고 집필을 마쳤다. 여섯 번째로 말이다. 과정 수강생 한 분이 놀라며 '후반 15분 전에 골을 넣을 줄 알았는데 대단하'고 한다.

"그것 봐. 나이는 숫자에 불과하지?"

책을 쓰고 뭐가 달라졌나? 무엇이든 변화가 있어야 하지 않나? 그것도 인생에 도움이 되는 변화가 있어야 하지 않느냐 말이다. 65년이란 인생을 살아가면서 잘했다고 생각되는 것이 몇 가지가 있다. 그중 하나를 꼽으라면 책을 쓴 것이다. 책을 쓰길 참 잘했다. 책을 쓰고 나니 불행한 과거가 청산되었다. 행복한 삶으로 모두 바뀌었다. 가장 크게 변한 것은 경제적으로 자유인이 되었고 가정이 행복해졌다는 것이다. 경제적 자유의 사전적 의미는 '각 개인이 자기 의지로 행동하면서 경제 활동을 할 수 있는 자유.'라고 한다. 경제적으로 구애를 받지 않고 산다면 그것이 행복이 아니겠는가. 많은 것은 아니지만 일부 경제적 자유도 얻었다. 행복한 가정을 꾸미고 싶다는 간절함도 이루어졌다. 좀 더 구체적으로 말해볼까? 꿈이 400개나 생겼고 의식도 달라졌다. 자존감도 상당히 높아졌다. 스스로 변화하며 행복하게 살고 있다. 가족과 지인들이 대단하다고 한다. 만나는 사람들에게 작가님으로 불린다. 방송 출연도 하여 코로나 시국에 매출이 2배나 올랐다. 독자들로부터 연락도 많이 왔다. 서점에서 책도 잘 팔리고 있다.

'꿈이 400개나 생겼다고?' 대부분의 사람들도 꿈은 꾼다. 꿈은 꾸지만 꿈일 뿐이라고 치부한다. 책을 쓰고 난 이후에 400개의 꿈이 생겼다. 어떤 이는 빈정거린다. 그 꿈을 언제 이루어요? 그는 결말의 관점에서 꿈을 꾸었다는 것을 모르기 때문이다. 나도 꿈이 이루어질 줄은 몰랐다. 책 쓰기 코치님은 꿈을 이루는 방법도 알려주었다. 꿈을 꾸기만 해도 되지 않는다. 노력도 해야 한다. 실천도 해야 한다. 꿈을 이루는 방법을 알려준다. 책도 추천해준다. 책을 쓰고 난 이후 곧바로 꿈이 이루어졌다. 작가가 되는 것에 그치지 않고 베스트셀러의 꿈도 이루었다. 그 꿈은 2020년 8월에 작가가 되면서 바로 이루어졌다. 결혼 · 가족 분야에서 6주간이나 베스트셀러가 되었다. 꿈을 꾸었기에 베스트셀러가 이루어졌다고 믿는다.

'의식이 달라졌다고?' 정말 의식이 달라졌다. 크게 달라진 의식이 두 가지 있다. 하나는 우주에 대한 의식이고 다른 하나는 경제에 대한 의식이다. 책을 쓰기 전의 우주에 대한 의식으로는 우주는 그저 하늘과 땅 사이의 보이지 않는 비어 있는 공간에 불과한 정도로만 알았다. 책 쓰기 수업 과정에서 우주에 대한 의식을 가지게 되었다. 우주는 꿈의 창조 공간이었다. 우주는 창조 놀이를 하면서 꿈을 이루는 공간이었다. 다른 하나는 경제에 대한 의식이다. 책을 쓰기 전에는 경제는 파이로 생각했다. 내가 가지면 누군가는 손해를 본다고 생각했다. 책을 쓰고 난 이후, 경제는 누구라도 퍼올리면 먹을 수 있는 샘물이었다. 우주는 무한대의 창조 공간으로 누구나 명령하면 된다. 우주는 마르지 않는 샘물이다. 자동차를 새로 구매하면서 확실히 느꼈다. 예전의 의식으로는 아무리 필요하고 사고 싶어도 사지 못했다. 돈에 맞추어 중고차를 샀을 것이다. 의식이 달라지니 필요하면 갖고 싶은 자동차를 구매하게 되었다.

'자존감이 높아졌다고?' 책을 쓰면서 자존감이 높아졌다. 그것도 상당히 높아졌다. 자존감이 낮은 사람의 전형적인 현상은 상처를 많이 받는다는 것이다. 책 쓰기 전에는 상처를 많이 받았다. 특히 남편에게 말이다. 부부가 살다 보면 의견 충돌은 필연적으로 일어나지 않는가? 자존감이 낮았을 때는 충돌이 일어날 때마다 상처를 받았다. 책을 쓰고 난 이후에는 상처를 받지 않는다. 의견 충돌이 일어날 경우, 더 좋은 방법을 찾아보자고 한다. 지혜롭게 충돌을 해결한다. 충돌하지 않도록 사전 예방도 한다.

남편이 퇴직한 지 5년여 되었다. 주말부부로 3분의 2를 살다가 매일 한 집 안에서 24시간 함께하다 보니 힘들었다. 내 입장이라면, 말하지 않아도 될 것을 말한다. 지시를 내린다. 밥을 하려고 부엌으로 가면 빨리 서두르라고 한다. 책을 쓰기 전에는 달리는 말에 채찍질하면 말이 화내지 않겠느냐며 성을 내었다. 그러다가 싸웠다. 싸우고 나면 늘 상처를 받았다. 이제는 싸우지 않는다. 밥을 빨리 하라고 하면 '배고파서 그러는구나. 빨리 해줄게.' 하면서 밥을 짓는다.

'스스로 변화가 일어났다고?' 책을 쓰기 전에는 남편에 대한 불편감을 없애보려고 많이 노력하였다. 노력해도 불편감은 여전했다. 신기하게도 책을 쓰면서 남편에 대한 불편감이 사라졌다. 무슨 조화일까? 책을 쓰면서 내가 하고 싶은 말을 다 해서일까? 책을 쓰기 전에는 무슨 말을 하면 반대급부의 생각이 먼저 들었다. 책을 쓰고 난 이후에는 남편이 불쌍하다는 생각이 들기도 한다.

나는 20여 년간 건강이 심히 좋지 않았다. 요즈음은 건강하다. 18여 년 동안 병원 한 번 가지 않고 산다. 건강 관리를 시작하기 전에는 남편과 식습관이 같아서 문제가 없었다. 그런데 건강 관리를 한 이후부터 나의 식습관이 달라져 남편이 불편해한다. 건강하려면 건강에 좋은 음식을 먹어야 하지 않는가. 건강에 좋은 음식으로 자연 현미식은 필수다. 남편은 처음에는 같이 먹었다. 그러다가 현미가 껄끄럽다며 백미밥을 원했다. 건강 관리를 하면서 알게 된 현미와 백미의 차이가 있다. 영양가를 100으로 놓고 본다면 현미와 백미의 영양의 차이는 95대 5로 매우 크다. 현미의 외피 부분과 배아 부분의 영양가가 95이고 백미는 배아와 껍질을 벗겨낸 나머지 부분이기에 영양가는 5다. 같은 시간에 같이 일하고 받는 시급의 차이가 엄청난 것과 같다. 시급이 100,000원이라면 나는 95,000원을 받고 남편은 5,000원을 받는 경우와 같다. 남편은 늘 배고프다고 하며 대상포진도 걸리고 혈압약도 먹는다. 나는 배가 고픈 것을 잘 느끼지 못하고 18년 동안 병원 한 번 가지 않았다. 책을 쓰기 전에는 영양가의 차이를 알면서도 실천을 하지 못하는 남편이 못마땅했다. 질 높은 영양가를 섭취하라고 강요를 하였다. 책을 쓰고 난 이후로는 시급을 많이 받으면 좋겠다고 점잖게 말한다.

'가족과 지인들의 대접이 달라졌다고?' 책을 쓰고 나니 가족과 지인들이 대접이 확실히 달라졌다. 가장 가까이에 있는 남편으로부터 작가님 대접을 받는다. 자녀들도 작가 엄마를 대단하다며 지지해준다. 친구들도 '내 친구 창순, 정말 대단하다'고 한다. 아는 사람들마다 대단하다고 한다. 민박 손님들도 책을 냈다고 하면 정말 그러냐며 대단하다고 한다.

의욕 없던 삶이 다시 두근거리는 하루 10분 글쓰기의 힘

'방송 출연을 했다고?' 코로나 시국에 방송 출연을 했다. MBC의 〈밥 잘 주는 민박집〉에서 촬영 요청이 왔다. 민박집에서 밥을 해주는 장면을 촬영해갔다. 2020년 8월 5일 방영이 되었다. 대박! 얼마나 많은 분이 찾아주는지 정신을 차리지 못했다. 매출이 부쩍 올랐다. 2020년 전반기에 매출이 매우 저조했는데 하반기의 매출이 2배 이상 올랐다.

　'독자들로부터 연락이 왔다고?' 독자들로부터 많은 연락이 왔다. 전화와 문자가 왔다. 직접 찾아오기도 했다. 『결혼생활 행복하세요?』는 37년여 결혼생활을 담은 책이다. 나의 결혼생활이 다른 사람들에게 감동을 주었다고 하니 신기하기만 하다. 한 독자는 처음 민박에 왔을 때 책 이야기를 했더니 다음에 오면서 책을 구매하여 읽고 왔다. 책을 정독하고 감동받은 것과 궁금한 것, 해주고 싶은 말을 준비해왔다. 식사를 함께 하면서 자정이 가깝도록 이야기를 했다. 자기가 읽고 느낀 것이 담긴 책을 저자인 나에게 선물로 주었다. 우리는 의형제를 맺는 관계가 되었다. 독자들로부터 연락만 오는 것이 아니라 의형제까지 맺었다. 책을 쓰고 난 이후에 사람도 얻었다.

　책을 쓰고 많은 것이 달라졌다. 코로나19 시국에 무엇을 할 수 있을까? 위기를 기회로 바꾸는 계기가 되었다. 나도 책을 쓸 수 있을까? 그것은 기우였다. 책을 쓰고 뭐가 좀 달라졌나? 스스로 변화가 일어났다. 의식이 달라졌다. 꿈이 400개나 생겼다. 방송 출연도 했다. 자존감이 향상되었다. 독자들에게 동기부여도 시킨다. 인생이 행복으로 가득하다. 살맛이 난다. 사업도 잘되어 매출이 2배나 올랐다. 남편과의 소통이 잘되고 행복해졌다. 책을 쓰고 많은 것이 달라졌다. 가장 크게 달라진 점은 경제적인 자유와 함께 가정이 행복해졌다는 것이다.

의욕 없던 삶이 다시 두근거리는 하루 10분 글쓰기의 힘

이창순_경제적 자유인이 되고 가정이 행복해졌다

정미연

약력 : 평범한 직장인이자 주부, 한의원에서 10년 넘게 간호조무사로 근무
저서 : 『내가 원하는 것을 제대로 선택하는 법』

책만 읽던 독자에서
책을 쓰는 사람이 되었다

저는 여느 직장인들처럼 일요일 빼고 매일 직장에 출퇴근하는 다람쥐 쳇바퀴 도는 삶을 살았습니다. 결혼하고 애들 키우는 주부로 살다가 워킹맘이 된 지 20년이 되어갑니다. 남편과 사이가 나빠지고 살던 집이 경매되면서 삶은 더 힘들어졌습니다. 친구의 권유로 교회를 다니게 되었고 6일은 직장에서 열심히 일하고 주일은 예배드리고 교회서 봉사도 열심히 했습니다. 2년 전부터 삶이 힘들다는 생각이 많이 들었습니다. 하나님을 믿고 신앙생활도 열심히 했지만, 삶이 나아진다는 생각이 들지 않았습니다.

어느 날 퇴근 후 집으로 오는 길에 하늘을 바라보며 생각했습니다.

"하나님, 저 힘들어요. 어떻게 살아야 하나요? 정말 이대로 노후 준비도 안 된 상태에서 노년을 맞이해야 하나요?"

무거운 발걸음으로 집으로 왔습니다. 남편한테서 생활비도 받지 못하고 혼자 벌어 생활해야 했고 빚이 있어 갚아가면서 살아야 했기에 생활은 빠듯했습니다. 생활은 나아지지 않았습니다. 그러던 어느 날, 작년 2월 말쯤 유튜브 하나를 클릭하게 되었습니다. '내가 100억 부자가 된 비결'이라는 유튜브는 나의 마음을 송두리째 빼앗아 갔습니다. 〈김도사TV〉라는 채널을 계속 시청하게 되었습니다. 나는 평범한 사람이 부자가 된다는 생각을 해보지 못했습니다. 무엇이 되겠다는 꿈을 꾸어보지도 못했고 나의 버킷리스트를 작성해보지도 못했습니다.

그러나 〈김도사TV〉는 우리가 꿈을 꾸고 상상하면 현실이 된다고 하였습니다. 그것을 증명하듯 좋은 책들을 소개하면서 읽어주셨습니다. 김도사님은 평범한 사람들을 작가가 될 수 있도록 책 쓰기를 코칭하는 분이었습니다. '내가 책을 쓸 수 있다고' 처음에는 믿지 않았습니다. 계속 시청하면서 믿음이 왔습니다. 도사님은 초등학교만 나와도 책을 쓸 수 있다고 확신 있게 말씀하셨습니다. 〈한책협〉 카페에 가입하니 많은 분이

'반갑습니다!', '축복합니다!' 하면서 환영해주셨습니다. 작년 3월 말에 '미라클사이언스'라는 특강을 듣고 다음 날 책 쓰기 1일 특강에 참여하였습니다. 1일 특강을 들어보니 진짜 평범한 사람들이 책을 써 출판을 한 실제 사례를 보여주셨습니다.

책을 쓰고 싶다는 생각이 간절하였습니다. 도사님과 1대1 상담을 하면서 물어보고 싶었지만 제대로 물어보지도 못했습니다. 계약서를 바로 작성하는 내가 의심스러웠습니다. 나는 무엇이든 추진하는 것에는 약했습니다. 새로운 것에 도전한다는 것이 어색했습니다. 계약서를 작성하면서도 머뭇거렸습니다. 내가 정말 잘하고 있는 건지 의문스러웠습니다. 중간에 포기하고 싶은 생각도 들었습니다. 그러나 간절히 기도하였습니다.

〈한책협〉에서 하얀 티를 입고 수업받고 있는 저의 모습을 상상하기도 했습니다. 드디어 현실이 되어 작년 5월부터 6주 책 쓰기 과정 수업을 받게 되었습니다. 1주 차는 책에 대한 주제를 정하는 시간이었습니다. 나는 딱히 쓰고 싶다는 주제가 없어 나중에 도사님과 따로 상담하는 시간을 가졌습니다. 도사님이 내가 쓴 소개서를 보더니 성격의 단점에 '우유부단함'이라고 쓰여 있는 것을 보시고 이것을 주제로 하자고 하셨습니다. 도사님은 진짜 도사이셨습니다. 나의 우유부단함이 주제가 되자 내가 살아온 삶과 내용이 딱 맞았습니다. 작년 책 쓰기를 하는 동안 꼭지 제목이 최근 몇 년 동안 나에게 일어난 일들과 딱 맞는다는 사실을 알게 되었습니다. 사람들이 도사라고 부르는 것이 그냥 하는 말이 아니구나 하고 생각되었습니다.

2주 차는 도사님이 책 제목을 선물로 주셨습니다. 제목을 선물 받을 때는 너무 감동적이었습니다. 한편으론 '내 책을 사람들이 좋아할까?'라는 생각도 들었습니다. 2주 차는 장 제목을 선물 받고 3주 차 꼭지 제목을 만들 때는 어려워서 힘들기는 했습니다. 다른 동기 작가님들은 목차가 완성되어 책을 쓰기 시작했는데 저는 꼭지 제목이 늦어져 동기 작가님들보다 늦게 시작되었습니다. 겨우 도사님의 목차 쓰기 도움으로 목차가 완성되었습니다. 꼭지 제목이 쉬운 것은 진도가 잘 나가다가 꼭지 제목이 어려운 것은 진도가 잘 나가지 않았습니다. 진도가 나가지 않을 때는 부정적인 생각이 들기도 했습니다. 하지만 김도사님이 항상 의식을 강조하셨고 못 한다는 부정적인 생각으로는 책 쓰기를 완성할 수 없을 것 같았습니다.

그리고 목차가 있는 A4 용지 여백에 내가 왜 책을 써야 하는지 부모님과 형제들을 생각하니 글이 잘 써지고 생각이 떠올랐습니다. 또 글이 잘 써지지 않을 때는 의식을 높여서 '나는 김도사고 김태광이다'라고 외치며 시작했습니다. 내가 베스트셀러 작가가 되어 서점에서 사인하는 장면, 많은 사람 앞에서 강연하는 장면을 상상하면서 글을 썼습니다. 작년 여름에는 무더운 날씨에 집이 습한 가운데도 책 쓰기를 하는 동안에는 마음이 행복하였습니다. 그동안 살아오면서 힘들었던 일들을 글로 표현하니, 마음도 한결 가벼워졌습니다. 다른 작가분들은 까페에서 책 쓰기를 많이 하는 것 같았지만 나는 집에서 책 쓰기를 하는 게 좋았습니다. 낮에는 직장에서 일하고 퇴근하고 저녁을 일찍 먹고 책을 쓰기 시작했습니다. 밤 10시부터 새벽 3시, 4시까지 책 쓰기를 할 때도 있었습니다.

책 쓰기를 하면서 의식이 높아졌습니다. 평소 하나님을 믿었기에 영적인 세계, 사차원의 세계에 관심이 있었습니다. 내가 부정적인 생각을 했다면 아마 책을 쓰는 일을 마무리하지 못했을 것 같습니다. 간절히 원하니 이루어졌습니다. 환경적으로 저는 책 쓰기 코칭을 받을 수 없는 형편이었지만 열정이 생기니 용기가 샘솟았습니다. 정말 작년에는 직장일 외에 약속도 거의 하지 않고 책 쓰기에만 매달렸습니다. 그렇게 내가 작가가 될 수 있다는 긍정적인 생각으로 나의 저서 『내가 원하는 것을 제대로 선택하는 법』이 출간되었습니다. 책이 출간되고 집으로 책이 도착했을 때는 떨리는 마음과 긴장감이 가득했습니다. 나의 책이 나왔으니 이제는 1인 창업을 하고 싶었습니다. 작년 책 쓰기 과정 수강에서는 사정상 〈한책협〉에서 진행하는 과정들을 듣지를 못했습니다. 다른 작가분들이 책 쓰기를 하면서 1인 창업과 여러 가지 〈한책협〉 과정들을 신청하는 것이 부러웠습니다. 지금은 배워서 1인 창업을 꼭 하고 싶습니다. 1인 창업을 하여 내가 꿈꾸는 목표를 달성하고 싶습니다. 사람들에게 동기부여해 주고 선한 일을 하는 100억대 부자가 되고 싶습니다.

의식을 높이니 사소한 것에서 좋은 일들이 있었습니다. 나는 빚이 좀 있어 카드나 대출은 생각조차 하지 못했습니다. 그런데 카드사에서 대출해준다는 문자가 오고 한도를 높여준다는 문자가 왔습니다. 평소에는 내가 금전적으로 힘들 때 카드사에 한도를 높여달라고 부탁해도 거절을 당했는데 말입니다. 전자제품들이 오래되어 바꾸고 싶었는데 김치냉장고, 세탁기, 텔레비전을 바꾸게 되었습니다.

그리고 작년 도사님을 알게 되면서 버킷리스트를 적은 것 중에 집을 이사하고 싶다는 것을 적었습니다. 책 쓰기를 다 하고 출판 계약을 하고 나니 집주인한테서 전화가 왔습니다. 집이 매매되었다고 연락이 와서 이사해야겠다는 마음이 생겼습니다. 다행히 집을 구할 시간 3개월을 주길래 집을 알아보러 다녔습니다. 살고 있던 집은 저층이라 여름이면 엄청 습했습니다. 그리고 빨래를 널 공간이 없어 거실 공간에다 빨래를 너니 집이 더 좁아 보였습니다. 살면서 이불 빨래를 햇볕에다 널어보는 게 소원이었습니다. 그러나 지금 이사한 집이 평수는 작지만, 지상 2층이고 바로 위에 옥상이 있어 옥상에다 빨래를 널 수 있게 되었습니다. 정말 꿈을 꾸니 이루어졌습니다. 평수는 원하는 평수가 아니지만 내가 원하던 집을 구하게 된 것입니다.

  평소에 나는 책을 가까이하지 않았습니다. 하나님 말씀을 읽는 정도였습니다. 그러나 책을 쓰려면 다른 책들을 읽어봐야 했기에 책을 좋아하는 사람이 되었습니다. 김도사님이 추천해주는 의식을 높이는 책들을 읽기 시작했습니다. 우리가 상상하고 꿈을 꾸는 것이 현실에 다가오는 것을 알려주는 책들이어서 좋아졌습니다. 책 쓰기를 하면서 평소에 책을 읽지 않았던 것이 후회되기도 했습니다.

  책 쓰기를 하기 전 아들은 직장도 구하지 않고 놀고 있었습니다. 자녀들을 위해 기도했더니 아들과 딸이 직장을 구해 열심히 다니고 있습니다. 내가 책 쓰기를 하자 아들은 자기도 자기계발을 하고 싶다고 하였습니다. 착하게 자라준 자녀들이 고맙고 신께 감사합니다.

  책을 쓰기 전 나는 착하게 살고 양보하는 것이 전부인 줄 알고 살았습니다. 나를 낮추는 것이 좋은 것인 줄 알았습니다. 다른 사람이 부탁하면 다 들어줘야 하는 것으로 생각했습니다. 하지만 그게 다가 아니었습니다. 다른 사람이 부탁하면 거절할 것은 단호히 거절해야 한다는 것을 알았습니다. 나의 자존감을 높이고 강한 나로 살아가게 되었습니다. 무엇보다 소심하고 내성적인 성격이어서 남들 앞에 나를 잘 드러내지 못했지만, 책 쓰기를 통해서 나의 살아온 삶과 내 생각을 표현하게 되었습니다.

꿍장히 많이 변한 것입니다. 작가가 되면서 온라인에도 나를 드러내게 되면서 네이버에 인물 정보를 등록하게 되었습니다.

아직은 주변 사람들에게 작가가 되었다고 알리지를 못했지만, 책 쓰기 1일 특강에서 만나게 된 같은 교회 권사님이 책을 구매해주시고 책을 소개도 해주신다고 하셨습니다. 오빠들과의 단체 톡방에 책을 썼다고 하니 처음에는 별 반응이 없더니 나중에 축하한다고 하면서 책을 사서 읽어보겠다고 하였습니다. 초보 작가지만 출판사에서도 '작가님' 하면서 친절하게 대우를 잘해주셨습니다. 출판사에 모르는 것이 있으면 물어보고 잘하지 못하는 것은 도와주기도 하셨습니다.

무엇보다 책 쓰기를 하면서 힘든 현실만 보였던 예전과는 달리 꿈을 가지게 되었고 목표 있는 삶을 살게 되었습니다. 내가 갖고 싶은 것, 되고 싶은 사람, 원하는 것이 있으면 이루어진다는 것이 살아가는 삶에 큰 원동력이 되는 것 같습니다. 책을 쓰기 전에도 하나님 믿으면서 긍정적인 생각을 했지만, 이제는 조금이라도 부정적인 생각이 들면 생각에서 바로 쫓아버리고 긍정의 마음으로 변화시킵니다.

책을 쓰기 전에는 직장만 왔다 갔다 하며 별 할 일 없이 지냈지만, 이제는 매일 한 시간씩이라도 독서를 해야겠다고 다짐합니다. 독서도 습관이 되어 있지 않아 일주일에 책 한 권 읽어야지 목표를 세웠는데 잘 되지 않았습니다. 그래서 매일 한 시간씩 독서를 하기로 마음먹었습니다. 1인 창

의욕 없던 삶이 다시 두근거리는 하루 10분 글쓰기의 힘

업을 위한 카페 만들기, 유튜브 촬영하기, 블로그, 인스타그램 등 할 일이 참 많습니다. 온라인 문맹이었던 내가 이제는 온라인을 모르면 안 된다는 생각에 하나씩 배워가고 있습니다.

작년 김도사님을 알게 되고 책 쓰기를 하면서 생각이 많이 변화되었고 주변 환경도 많이 변화되었습니다. 이 모든 것이 하나님과 김도사님 덕분입니다. 감사합니다. 사랑합니다. 축복합니다.

정병묵

약력 : 경기도 광주 〈좋은 부동산 사무소〉 운영, 초등학교 4학년부터 조간신
문, 석간신문 배달로 20만 원 넘게 모아 중학교 진학, 강남대학교 부동
산학과 석 · 박사, 산업부동산 논문 다수 출간

저서 : 『부동산 투자 지금 해도 늦지 않다』, 논문 「공장매매의 의사결정 요인
분석」, 「원룸 소형주택 관리방안을 위한 요구도 조사」

내 인생의 강력한
터닝포인트

나는 이제까지 50년을 넘게 평범한 삶을 살아왔다. 그렇게 세상에 주목받지도 않았고 세상을 그다지 주목하지도 않은 채 선남으로의 생을 살아왔다. 나에게 책을 쓴다는 것은 먼 나라의 얘기였고 나와 상관 없는 일이라고, 그다지 내 적성에 맞지 않는 일이라고 생각했다. 그러나 내가 책을 쓰기 시작하면서 내 안에 잠들어 있던 또 다른 나를 발견하고, 완전히 새로운 나를 만나게 되었다. 이제까지 겪어보지 못했던 색다른 경험을 하게 된 것이다. 글을 쓰기 위해서는 많은 경험이 중요하나, 만약 충분한 경험을 하지 못했다면 책을 통해서 여러 작가의 생각을 공유하고 또 다른 각도에서 작가의 의도를 재해석해본다면 그 역시 글을 잘 쓸 수 있는 하나의 방법이라고 생각한다.

　인생에서 급하지는 않지만, 굉장히 중요한 일이 두 가지가 있다. 바로 독서와 운동이다. 독서는 인생을 살찌우는 가성비 높은 지적 활동이다. 그리고 운동은 몸을 가꾸고 건강한 삶을 살아가는 데 아주 중요한 조건이다. 몸은 정신을 보호하고 있는 외벽이다. 그런데 이 외벽이 무너진다면 정신도 서서히 같이 허물어질 것이다. 몸과 정신은 우리를 이루고 있는 실체이기 때문에 어느 한쪽이 허물어진다면 바로 운명 공동체인 다른 한쪽도 허물어지고 만다. 이 두 가지는 수레의 양 바퀴 같아서 어느 한쪽이라도 균형을 소홀히 한다면 정상적으로 마차가 굴러가지 않고 궤도를 이탈하며 본래의 기능을 상실하고 만다.

　독서가 인풋(In-Put)이라면 당연히 저술 활동은 아웃풋(Out-Put)이다. 많은 책을 읽어보고 생각의 용량을 넓혀간다면 그만큼 글의 소재도 풍부해질 것이다. 우리가 말을 할 때 자기 생각을 체계적으로 조리 있게 정리해서 말하지 못하는 경우가 간혹 있다. 말이란 머릿속에서 정리되어서 나온다기보다는 자신의 내면에서 고착된 이론들이 습관적으로 뽑혀져 나오는 것이기에 그렇다. 글은 말로 표현하지 못하는 정교한 감정 처리와 미묘한 사고 전달을 가능하게 한다. 책은 교과서와는 달라서 작가의 생각과 정보를 동시에 전달하기에 다분히 주관적이다. 그래서 독자는 작가의 생각에 공감하기도 하지만 작가의 생각과 다를 수도 있어서 나름 자신만의 생각을 작가와는 다르게 표현해본다면 좋은 글을 쓰게 되는 계기가 될 수 있다.

책에서 다양한 지식을 습득하게 되는데 책을 통한 지식은 공교육에서 배우지 못했던 많은 분야의 산지식을 알려준다. 이러한 지식의 폭을 넓혀갈 때 자기도 모르게 자연스럽게 지식인이 되어 있는 자신을 발견하게 될 것이다. 그런데 많은 사람이 '안다'는 것을 '본 적 있다'는 것과 같은 뜻으로 착각을 하곤 한다. 흔히들 바깥에 보이는 부분만을 보고 안다고 착각한다. 외부를 보고 나름대로 판단하고 정의를 세우는 한편 또한 내부를 들여다보는 능력이 생겼을 때 우리는 비로소 그것을 안다고 하는 것이며 지식이 된다. 즉 Out+In = Sight일 때 통찰력이 생겼다고 한다.

지식이란 Knowledge이다. Know(안다) + Ledge(선반). 선반 위에 놓여 있는 내외부를 전부 알고 있다는 것이고 내부와 외부를 꿰뚫어보는 통찰력이 생겼을 때 서야 비로소 지식이 된다는 것임을 알아야 한다. 물론 이러한 독서를 통해서 지식의 저변을 확대하는 과정은 중요한 지적 활동임은 의심의 여지가 없다.

건강한 삶의 조건, 독서와 운동

나는 40대 초반부터 당뇨병과 고혈압약을 먹고 있다. 40대 초반에 담배를 끊으면서 시작된 금단현상으로 입에 먹을 것을 습관적으로 넣기 시작했다. 입이 심심하지 않게 하기 위해서다. 그렇게 시작된 나의 식습관은 40년 동안 전혀 경험해본 적 없는 일상을 만들었다. 즉 매 끼니 밥공기 두 그릇을 거뜬히 비우곤 했다. 살이 찌고 싶은 사람이라면 틈나는 대로 탄수화물을 입에 넣어라. 기하급수적으로 살이 많아질 것이다. 밥이 그렇게 맛있을 수가 없었다. 무려 한 달 만에 체중이 20kg 증가하며 살이 갈라지면서 폭발적으로 살이 찌기 시작했다. 이후로 나의 체중은 더는 늘어나진 않았지만 꾸준한 운동으로 10kg을 감량하고 담배 피우던 시절의 체중에서 10kg 증가한 체중으로 고정되었고 지금까지 이어져오고 있다. 지금도 나의 오래된 친구 같은 생활습관병인 당뇨와 고혈압을 분신처럼 달고서 매일 하루 한 번 약을 먹는 번거로움을 감수하며 산다.

필자는 아침 일찍 5시에 기상을 해서 매일 아침 동네 공원에서 만 보 걷기로 아침을 시작한다. 점심과 저녁 식사 후에 약간의 걷기 운동으로 하루를 마감하고 잠자리에 든다. 이렇게 오랜 습관인 걷기를 실천해오고 있다. 나의 건강을 위해서 건강에 관한 서적들을 접하면서 자연스럽게 취득하게 된 지식을 여러분과 나누고자 한다. 전문적인 의료기술이 아니기에 그냥 가볍게 듣고 참고하여 독자들의 건강에 도움이 되었으면 하는 바람으로 적어본다. 걸으면 행복해지는 호르몬인 세로토닌이 왕성하게 분비된다. 기분을 조절하고 기억력과 학습에도 영향을 미치는 호르몬이다. 인간은 가장 암에 걸리기 쉬운 동물이다. 인간의 약 30%가 암에 걸려 사망한다. 그러나 몸을 항상 움직여야 하는 야생동물이 암으로 죽을 확률은 희박하며 물속을 자유롭게 헤엄치는 물고기는 0.1% 이하라고 한다. 이처럼 모든 생명체는 움직여야 하며 그러지 않으면 심각한 병을 유발하게 된다는 것을 예를 통해 알 수 있다.

이처럼 움직이지 않아서 암에 걸린다고 단정할 수는 없지만 많은 의학 연구에 의하면 암에 관한 원인으로 움직이지 않는 것이 병의 원인이라는 것을 다수의 학술지가 말해주고 있다.

최근 연구에서 적절한 운동이 습관화된 사람은 그렇지 않은 사람에 비해 NK(자연살해세포, Natural Killer) 가 활성화된다는 사실이 밝혀졌다. 이 세포는 바이러스에 감염된 세포나 암세포만을 직접 파괴하는 우리 몸에 없어서는 안 될 좋은 세포이며 착한 세포이다. 건강한 사람도 하루에 매일 5천여 개의 암세포가 생성되지만, NK세포에 의해 결국 사멸되고 만다.

암 역시 노화의 일종이므로 오래 살수록 암에 걸릴 확률도 높아진다. 노화 때문에 발생하는 암을 100% 예방할 길은 없지만, 생활습관 때문에 발생하는 암은 꾸준한 운동으로 미리 대처할 수 있다. 운동이라는 광범 위한 주제를 걷기 운동으로 좁혀서 생각해보자! 걸으면 일단 우리의 뇌가 반응하고 그로 인해 분비되는 세로토닌은 행복한 호르몬이다. 남녀가 만나서 첫눈에 끌리면 도파민이 왕성하게 생성된다. 도파민은 쾌락과 성취감을 느꼈을 때 생성되는 신경전달물질이다. 운동경기에서 상대를 제압하고 승리했을 때의 쾌감이 도파민을 생성하는 것이라면 걷기를 통하거나 감사하는 마음을 통해서 생성되는 것이 세로토닌이다. 우울증을 심하게 앓고 있다면 매일 건강한 걷기 운동을 권장한다. 왕성한 세로토닌의 분비로 인해 우울한 마음은 금방 쾌활한 마음으로 변할 것이기 때문이다. 걸으면 마음이 기쁠 때 분비되는 엔도르핀 호르몬, 편안한 잠을 자게 하는 멜라토닌 호르몬도 분비된다. 게다가 행복한 호르몬인 세로토닌을 마구마구 분비되게 하는 걷기 운동은 아무리 강조해도 지나침이 없다.

특히 비만과 걷기는 상당한 인과관계가 있다. 걷기를 생활화한다면 비만이 생길 수가 없다. 비만은 소득과도 상관이 높은데 저소득층에서 비만율이 높게 나오는 통계가 이를 증명하고 있고 생활습관이 결국 비만으로 이어지는 악순환이 되풀이된다.

현대의학이 해결하지 못하는 불치병 중 하나가 바로 치매이다. 치매 환자는 치매 이전에 저장된 기억만으로 살기에 시간이 지나면서 점점 악화되는 특징이 있다. 식사를 했으면서도 기억 못 하기에 몇 번이나 다시 먹기도 하고, 자신이 어디로 가는지도 인지하지 못하는 경우가 있어 집을 기억하지 못해서 집을 찾아오지 못하는 경우도 허다하다. 치매 이전의 단계인 경도인지장애 검사를 통해 치매 위험도를 측정하고 대처해야 한다. 이 방법은 알츠하이머의 원인 물질인 베타 아밀로이드가 뇌에서 분비되어 축적되면 나타나는 단백질을 분석하는 기법으로 치매 알츠하이머의 원인 물질인 베타 아밀로이드를 분해하는 것은 걸을 때 나오는 행복 호르몬인 세로토닌과도 연관성이 있다는 것이 많은 연구에서 발표된 바 있다.

당뇨, 고혈압, 고지혈증 등의 생활습관병은 많이 걸을수록 개선된다. 현대병 대부분은 걷지 않아서 발생한다. 걷지 않는 생활습관이 병을 부르고 암을 유발한다. 이처럼 앞에서 언급한 건강과 독서는 우리의 삶을 살찌우는 데 가장 중요한 조건이다. 필자 역시 운동을 통해서 건강하지 않은 몸을 잘 다스리면서 나름 별 탈 없이 살고 있고 내가 가진 지식의 깊이를 잘 알고 있기에 끊임없는 독서를 통해서 얕은 지식을 나름대로 보충하려 하고 있다.

내 인생의 터닝포인트는 아무래도 글을 쓰고 작가가 된 것이다. 나름 박사학위를 받으면서 논문을 몇 차례 써보았지만, 이론적으로 데이터와 사실관계를 중요시하는 논문과는 달리 일반 독자들이 쉽게 접할 수 있는 책을 쓴다는 것은 쉽지 않은 작업이었고 산고 끝에 세상에 나왔던 『부동산 투자 지금 해도 늦지 않다』로 나는 작가가 되었으며 박사학위 논문으로는 아무도 주목하지 않았던 나에게 주위의 많은 분이 박수를 보냈고 박사로서의 명예도 되찾을 수 있었다. 건강과 풍요로운 삶을 약속하는 글쓰기와 독서는 가장 왕성한 지적 활동임을 부인할 수 없으며 그리고 이 모든 노력과 성과가 건강을 잃게 된다면 아무런 소용없듯이 건강과 독서는 재차 아무리 강조해도 지나침이 없다.

당신은 어떠한 가치를 소중하게 생각하는가?
행복하게 살고 싶은가?

독서와 운동, 이 두 가지를 실천하며 끊임없이 매진한다면 풍요로운 삶 아름다운 삶은 덤으로 당신에게 주어지리라 다시 한 번 확신하며 시작은 초라하더라도 끝은 창대하리라는 믿음으로 차근차근 글쓰기를 시작해보라고 독자들에게 강력하게 권한다. 왜냐하면, 나의 인생의 강력한 터닝포인트는 이 두 가지를 실천함으로써 얻어졌기 때문이다.

정병묵_내 인생의 강력한 터닝포인트

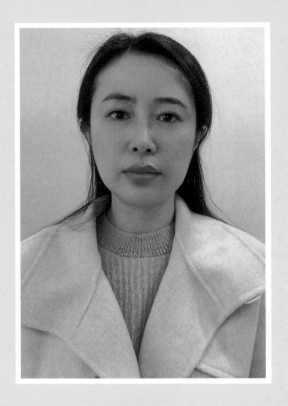

정세복

약력 : 소아청소년과 전문의, 작가
저서 : 『늦게 결혼했어도 행복하게 사는 기술』, 『버킷리스트25』(공저)

글쓰기로 나의 한계를
극복했다

　요즘 책을 읽는 사람이 점점 줄어들고 있다고 한다. 특히나 종이책을 사서 읽는 사람은 더 적다고 한다. 전체적으로 책을 읽는 사람의 수는 적을 수 있다. 그러나 책을 읽는 사람들은 많이 읽는다. 그것도 엄청나게 많이 읽는다. 저 많은 책을 다 읽어서 뭐하나 싶을 정도로 거의 강박적으로 책을 읽는다. 나도 책 읽기를 좋아했다. 하루에 한 권 이상 책을 읽는 것을 목표로 하기도 했다. 그런데 책을 무작정 많이 읽다 보니 무언가 허전한 기분이 들었다. 집에 책은 쌓여 있는데, 몇 달이 지나고 나면 먼저 읽은 책이 생각이 나지 않는다. 심지어는 간단한 줄거리조차 제대로 기억이 나지 않는 경우도 종종 있었다. 각종 자기계발서도 읽고 나면 그때

뿐이다. 습관은 여전히 달라지지 않았고, 재정적으로 좋아지지 않았고, 삶을 대하는 태도도 크게 달라지는 것이 없었다. 그러다 어느 순간부터는 책을 읽는다는 것 자체가 무의미하다는 생각이 들기까지 했다.

책을 많이 읽는 데는 이유가 있을 것이다. 단순한 흥미로 책을 읽는다는 것은, 그것도 그렇게나 책을 많이 읽는 것에 대한 적절한 대답이 아니다. 누구나 약간은 무언가 목적을 두고 책을 읽는 것이다. 나는 글을 쓰고 싶다는 것이 책을 읽는 목적의 저변에 있었다. 책을 많이 읽다 보니 글을 쓰고 싶었다기보다는 글을 쓰고 싶어서 책을 많이 읽은 것이다. 그러나 책을 백날 읽어봐야 달라지는 것은 아무것도 없었다. 책을 많이 읽는다고 저절로 글이 써지는 것은 아니었다. 이렇게 나는 '글쓰기의 언저리만 맴돌다 끝나는구나.' 했었다. 그렇다고 글쓰기를 포기할 수도 없었다. 언젠가는 해야 하는 내 인생의 숙제를 자꾸 미루고 있는 느낌이었다.

그러다 이래서는 안 되겠다 싶었고, 여러 번 자잘하게 글을 써보겠다는 시도를 해보았다. 그러나 글을 읽는 것처럼 글을 쓰는 일은 만만한 일이 아니었다. 결국은 포기하고 말자는 순간들도 있었다. 그러나 눈앞에 쌓여 있는 책을 보고 있으면, 애써 버리려 해도 글을 쓰겠다는 의지를 버릴 수가 없었다. 결국은 일이 어찌 되든 책을 반드시 써야겠다는 굳은 결심을 하게 되었다. 책을 써내지 않고는 책에 대한 강박증이 없어지지 않을 것 같았기 때문이다. 그 후로 결국에는 내 이름으로 된 책이 한 권 출판되었고 많은 것이 달라졌다. 책만 읽다 한세상 보낼 뻔했던 내가 책을 쓰고 새로운 세상을 알게 된 것이다. 책을 써내기 전에는 끝도 없이 줄지어 서 있는 신간들을 보면서 '저 많은 책 중에 나의 이름으로 된 책은 한 권도 없구나,' 하고 아쉬워했다. 책에 대한 미련을 버릴 수 없어 새로운 책을 사 들고 또 어쩔 수 없이 누군가의 생각을 들여다보고 있어야 하는구나 하는 생각에 자괴감에 빠져들었다. 그러나 책을 쓰고 나도 나만의 생각이 있고 그것을 글로 표현해낼 수 있다는 사실에 놀라게 되었다.

머릿속을 맴도는 생각은 실체가 없이 그저 사라져버리는 시간과 같다. 잡을 수가 없는 것이다. 그러나 그 생각들이 글로 표현되어 나의 이름으로 책이 되어 나왔을 때 나의 생각은 실체가 있는, 존재 가능한 무언가가 된 것이다. 내가 막연히 바라고만 있던 생각들이 책으로 나왔을 때 그 생각들은 더 구체화되어 현실에서도 실현 가능한 것이 된 것이다. 나는 책을 쓰고 내 생각을 글로 표현하여 나의 것임을 드러내 보이고 나서 나의 모든 상상과 꿈들이 현실로 보이게 할 수도 있겠다는 것을 깨닫게 되었다. 내 머릿속의 세상이 현실로 구현될 수도 있다는 것을 책을 쓰고 깨닫고 경험하게 된 것이다. 실제로 책을 쓰고 나서 글로 표현한 것들이 현실이 되어가고 있다. 책 속에 글로 표현했던 꿈이 구체화하기 시작했고, 이에 대한 자신감도 생기기 시작했다.

그 꿈의 첫 번째가 작가가 되겠다는 것이었다. 나의 이 꿈은 이루어졌다. 책을 쓰고 현실화된 것이다. 그리고 책 속에서 내가 바라던 또 다른 꿈들도 이미 구체적으로 그림이 그려지기 시작했고, 일부는 낮은 단계로 현실화되고 있다. 그리고 나는 매일 행복, 사랑, 목적, 성장에 대해 이야기하게 되었다. 행복이란 단어는 의미 정도만 알고 있는 단어였다. 그러나 책을 쓰고 나는 행복을 적극적으로 찾고 매일 체험하고 배우려고 노력하게 되었다. 또 사랑은 이미 끝났다고 생각했다. 그러나 책을 쓰고 사랑에 대해 표현해내고 나서 사랑은 모든 것의 시작이고 전부임을 알게 되었다. 사랑도 끊임없이 배워야 하고 발전하도록 노력해야 하는 것임을 알게 되었다. 그래서 지금의 사랑을 유지하는 것뿐만 아니라 더 큰 사랑을 배우고 새로운 형태의 사랑으로 발전하기 위해 노력하고 있다. 그리고 목적 없이 흔들리던 삶을 다잡고 중심을 잡으려고 애쓰게 되었다.

인생의 목적에 대해 다시 고민하고 방향을 잡기 위한 노력을 기울이고 있다. 성장은 어느 순간에도 멈출 수 없는 것임을 알게 되었다. 그래서 더 성장하려는 의지를 갖게 되었다. 정신적으로 성장하는 데 가치를 두기 시작한 것이다. 그리고 상상하는 모든 것들을 글로 표현하려고 노력하고 있고 조금씩 자신감도 커지고 있다. 머릿속의 상상이 글로 구체화되었을 때 그 힘이 엄청나게 커질 수도 있다는 것을 조금씩 알아가기 시작했다.

지금의 나는 글을 쓰고 책을 출간하였지만, 무언가를 막 배우기 시작한 호기심 가득한 어린아이와 같다. 그래서 잡고 일어서고 한 발을 내디디고 걷고 달리려고 준비하고 노력하고 있다. 주저했던 한 발자국을 내디디고 나니 재미있어진 것이다.

글 속에서 표현되는 나의 모든 생각은 한계가 없다. 그동안은 글쓰기에 대한 막연한 두려움과 자신감 결여로 미루고만 있었다. 그러나 책이 출판되고 이런 불안감들은 없어졌다. 대신 앞으로 부족함을 채우기 위한 노력만 필요함을 알게 되었다. 더 많은 것들을 꿈꾸고 상상하게 되었다. 글쓰기에 대한 재능 여부를 떠나 글을 쓴다는 것 자체가 이렇게나 흥미롭고 재미있고 즐거운 일인지 미처 몰랐다. 그동안 조금씩 해왔던 기타의 자기계발, 자아실현을 위한 노력은 시시하게 여겨질 정도이다. 글을 쓰고 나의 삶은 더 풍요로워졌고 모든 일에 자신감이 생겼다. 과연 내게 작가라는 호칭이 어울릴까 생각하며 주저했던 날들이 하루 이틀이 아니었다. 밤만 되면 무언가를 쓰고 싶었지만, 막연한 두려움에 잠만 설쳤던 날들이 수없이 많았다.

그러나 실행의 힘은 이 모든 주저의 날들을 하루아침에 쓰러뜨리고 자신감을 우뚝 서게 했다. 작가라는 호칭이 당연히 여겨지게 되었다. 물론 작가라는 호칭의 무게가 있다. 다음의 글을 써내야 할 때 필요한 무게가 가끔 떠오르기도 한다. 그러나 수많은 날 동안 눌러왔던 글쓰기에 대한 막연했던 고민과 중압감에 비하면 충분히 즐기면서 견딜 수 있는 정도의 무게다. 그리고 이미 나는 작가이다. 더 잘 쓰지 못할 이유가 별로 없는 것이다. 글을 쓴다는 것에 대한 막연한 두려움이 그동안 나를 한계 지었었다. 굳이 글을 써야 할까 하는 생각마저 들게 했었다.

그러나 그렇다고 작가가 되겠다는 꿈을 포기했다면 지금의 나는 더 우울하고 피로한 밤을 지새우고 있었을 것이다. 머릿속에서 글로 표현되지 못한 많은 모호한 생각들이 밤마다 나의 머리를 짓눌러 아침마다 무거운 머리를 원망하며 깨어나야 했을 것이다. 그러나 지금은 내 머릿속은 언제나 명쾌하다. 새로운 생각들로 가득 차지만 부담스럽지 않다. 하얀 바탕 위로 쏟아져 나와 비워지기 때문이다. 그러면 또다시 나는 새로운 생각들과 상상들로 내 머릿속을 채운다. 매일 아침이 흥미롭고 즐겁다. 오늘은 나의 생각이 어떤 형태로 활자화돼 나의 눈과 마음을 흡족하게 해 줄지 기대가 된다.

책을 쓰기 전에는 나의 생각을 남이 들여다보는 것에 꺼림칙함이 있었다. 남의 생각들은 매일 들여다보고 있으면서 정작 나의 생각은 나 자신조차도 보는 것을 꺼려했다. 그럴 이유가 전혀 없었음에도 불구하고 막연한 두려움으로 표현하는 것을 거리껴한 것도 사실이다. 그러나 작가라는 호칭이 주어지자 나의 글을 읽는 사람들이 나의 생각에 주의를 기울이기 시작했고 어떤 형태로든 이에 대한 평가를 시작했다. 그 평가가 부정적이든 긍정적이든, 내 생각의 실체를 독자들도 인정하기 시작한 것이다. 나는 존재했다. 그러나 책을 쓰기 전 나의 생각은 없었다. 나는 계속 존재해왔는데 말이다. 그러나 지금 내가 달라졌다. 책을 쓰고 나의 생각들도 함께 존재하며 나의 겉모습만을 보는 것이 아니라 나의 생각도 보게 되었다. 나의 정신과 마음은 책을 씀으로써 더 성장했고 그 결과는 책으로 또 보일 것이다.

   나는 그동안 내 머릿속을 떠도는 생각들이 어떤 의미가 있는지 가늠할수 없었다. 그러나 책을 쓰고 그 의미를 구체화하는 법을 알게 되었다. 그 생각들에는 한계가 없고 글로 구체화하여 책이 되었을 때는 더 큰 힘을 발휘함도 알게 되었다. 또한, 나의 생각이 다른 사람들의 생각에 영향을 미치고 그들의 생각과 결합하여 진화한다는 사실도 알았다. 신체적인, 사회적인 발전 외에 더 이상의 성장은 잊어버리고 살았던 나는 글을쓰고 무한성장이 가능한 마음과 정신의 성장이 뜻하는 의미를 깨닫게 된것이다. 책을 쓰고 나는 작가가 되었다. 단순히 작가가 되어 달라진 여러가지 외부적인 요소들보다 더 중요한 것은 바로 나 자신이 성장했다는사실이다. 이를 바탕으로 나는 계속 성장할 수 있다는 것을 깨달았다. 책은 바로 나의 정신적인 성장을 구체적으로 보여주는 거울과 같다. 내가책을 쓰고 달라진 점은 무엇보다도 나의 정신적인 성장의 의미를 깨닫고마음의 한계를 극복하고 더 큰 나로 발전할 수 있는 수단을 갖게 되었다는 것이다.

정진우

약력 : 대치 주연학원 수학 대표 강사, 공부법 베스트셀러 작가, 〈역전수학연구소〉 대표, 유튜브 〈정진우TV〉 운영

저서 : 『스스로 답을 찾는 수학 공부법』, 『보물지도19』(공저)

대기업을 퇴사하고
대치동 수학 강사가 되었다

    중고등학생에게 꿈이 무엇인지 물어보면 선뜻 대답하지 못하는 아이들이 많다. 나 역시 꿈이 없는 학생이었다. 또래 아이들보다 학교 성적이 약간 더 괜찮았을 뿐, 뭐가 되고 싶다거나 어떤 직업을 가져야겠다는 생각이 없었다. 공부를 좀 하는 편이었기 때문이었을까. 내가 생각하는 좋은 직업의 기준도 정확히 내리지 못한 채, 막연하게 좋은 대학에 가면 좋은 직업이 따라올 것으로 생각했다.

    꿈이 없던 이 고등학생은 자신의 수능 점수에 맞춰 공과대학에 진학했다. 학부 과정만으로는 부족하다고 느껴 대학원에도 들어갔다. 그것도 석·박 통합 과정으로 입학해서 3년 만에 박사 과정 수료까지 마쳤다. 대학원 생활 이후 막상 취업하려고 하니, 나는 이미 적지 않은 나이가 되었고 취업 시장엔 연일 한파가 몰아친다는 이야기가 들려왔다. '취업난'이라는 단어가 그때부터 유행이 되기 시작한 것 같다.

고등학교를 졸업하고 대학에 들어간 후에는 자취를 시작했다. 집에서 용돈을 받을 만한 형편이 되지 않았다. 서울에서 자취방을 얻어 생활하려면 상당한 용돈이 필요했다. 월세도 내고 생활비를 마련하려면 아르바이트를 해야만 했다. 처음엔 돈이 되는 일이면 가리지 않고 해나갔다. 텔레마케팅, 피자가게 홀 서빙, 백화점 의류 판매, 골프장 캐디…. 그중에서 가장 효율이 높은 건 단연 수학 과외였다. 생계형 수학 과외의 시작이었다.

대학교 친구 중에 과외를 하는 사람은 나밖에 없었다. 다들 부모님이 지원해주신 덕분에 아르바이트가 필요하지 않았다. 같이 놀다가도 과외 시간이 되면 나는 먼저 자리를 떠야 했다. 어린 마음에 그마저도 마음이 편치 않았다. 나는 속으로 얼른 졸업해서 대기업에 취업하면 이런 아르바이트도 안 해도 될 것으로 생각했다. 그렇게 마음이 썩 내키지 않는 수학 과외를 10년가량 하게 될 줄은 그때는 몰랐었다.

아무리 취업이 어렵다지만 누군가는 그 바늘 구멍을 뚫고 들어갔다.

의욕 없던 삶이 다시 두근거리는 하루 10분 글쓰기의 힘

나도 노력하면 바늘구멍을 뚫은 주인공이 될 수 있을 것으로 생각했다. 그래서 사회가 규정한 여러 스펙(Spec, Specification의 준말)을 쌓기 위해 노력했다. 토목기사, 건설안전기사, 정보처리기사, 한국사능력검정시험 3급, 한국어능력검정시험 자격증을 취득했다. 토익 영어점수도 만들고, 영어 말하기 시험인 토익 스피킹도 수준급으로 올렸다. 그래야만 내가 원하는 대기업에 들어갈 수 있다고 생각했기 때문이다.

내가 할 수 있는 최대한의 준비를 마친 후, 가고 싶은 회사에 지원했다. 우리나라에서 손가락 안에 드는 큰 규모의 건설회사에 가고 싶었다. 지원했던 회사 중에서는 서류 전형에서 탈락한 회사도 있었다. 나는 속으로 나이 제한에 걸려서 그랬을 것이라고 생각하며 마음의 위안을 얻고자 했다. 나를 면접에서 만나기만 하면 뽑지 않을 수 없을 것이라고 계속해서 되뇌었다. 결국, 국내 5대 그룹에 속하는 대기업 건설회사에 입사할 수 있었다.

취업이 확정되었다는 사실을 이메일로 통보받았다. 취업난 속에서 대기업에 입사했다는 쾌감이 느껴졌고 그동안의 노력이 헛되지 않았다는 생각에 정말 기뻤다. 누구나 들으면 알 수 있는 대기업에 합격했다고 알리자, 부모님이 정말 좋아하셨다. 친구들이나 선후배들도 이런 시국에 취업에 성공했다니 정말 대단하다고 추켜세워줬다. 비교적 많은 급여의 안정적인 직장을 다닐 생각을 하니 뛸 듯이 기뻤다.

공채 신입사원으로 입사하면 내가 들어간 회사뿐만 아니라 다른 계열사의 공채 신입사원들과 함께 연수를 받는다. 약 6주간 진행되는 신입사원 연수는 애사심을 한껏 높이고, 공채 사원으로서 자긍심을 갖도록 해주었다. 다른 계열사의 동기들과도 함께 생활했기 때문에 인맥을 넓히는 데도 도움이 되었다.

연수는 재밌었지만, 막상 실제 업무와 마주하니 혼자서 할 수 있는 것이 하나도 없었다. 하나의 프로젝트를 수행하기 위해 수백 명의 사람이 각기 다른 일을 분담했다. 철저한 분업화가 이미 이루어져 있었다. 대기업이라는 잘 갖춰진 시스템에서 나는 하나의 부품과 같은 역할을 해야했다. 큰 조직에서는 나 혼자 열심히 일하고 좋은 성과가 났다고 해서 월급이 수직으로 상승할 수가 없다. 나는 내가 잘한 만큼 성과가 바로바로 따라오는 일을 하고 싶어졌다. 그토록 바라던 대기업에 입사한 지 얼마 되지 않은 시점에, 내가 진정으로 원하는 일이 무엇인지 진지하게 묻기 시작했다.

이때부터 자기계발 도서를 많이 읽기 시작했다. 내가 진짜 좋아하는 일이 무엇인지 아주 깊게 생각하기 시작했다. 자기계발 도서들을 보면

공통으로 이런 말을 한다.

"자기가 진짜 하고 싶은 일을 하세요."

"가슴이 시켜서 하는 일을 하면 쉽게 지치지 않습니다."

"내 마음이 하는 말에 귀 기울여보세요."

나도 이론적으로는 안다고 생각했었다. 하지만 구체적으로 내 마음이 뭐라고 하는지 알지 못했었다. 내 마음에 묻고 또 물었다. 고등학교를 졸업하고 난 후 10년을 되돌아보며 내가 진정으로 좋아하는 일이 무엇인지 깊게 생각했다.

나는 남들 앞에서 이야기하기를 좋아하고, 주목받는 일을 좋아한다. 덕분에 학교를 다니면서 발표를 도맡아 했었고, 친구들 결혼식 사회를 열 번 넘게 봐주기도 했다. 보통 사람들은 발표할 때 긴장되고 떨려서 하기 싫다고 하던데, 나는 그 떨림이 좋았다. 가슴이 쿵쾅쿵쾅할 때, 스스로 살아 있음을 느꼈다. 소름이 끼치도록 그 감정이 좋았다.

여러 사람 앞에서 말을 하는 일, 긴장감이 주는 좋은 떨림, 내가 10년 동안 생계형 아르바이트로 했던 수학 과외…. 내가 진짜 원하는 것, 이루고 싶은 꿈은 수학 스타 강사라는 사실을 그제야 깨달았다.

그러나 수학 강사가 되려면 어떻게 해야 하는지 정보가 전혀 없었다.

정진우_대기업을 퇴사하고 대치동 수학 강사가 되었다

주변에 학원에서 일하는 사람이 단 한 명도 없었다. 막막했지만 이루고 싶은 꿈이 생겼기에 온몸에 활력이 넘쳤다. 여러 정보를 찾아보던 중, 『학원 강사 억대 연봉의 조건』이라는 책을 읽게 되었다. 저자인 김홍석 작가는 삼성전자 연구소에 다니다 수학 강사를 시작했다고 했다. 나와 같은 상황이지 않은가! 책 내용 중에는 수학 강사가 되기 위해 먼저 책을 썼다는 이야기가 있었다. 책을 써서 자신을 브랜딩하고, 이를 바탕으로 몸값을 올린다는 내용이었다. 그리고 이 책을 기획한 '김도사'라는 분은 〈한책협〉에서 책을 쓰는 법을 알려준다고 했다. 김홍석 작가가 김도사를 만나 책을 쓰고 수학 강사로 유명해졌다면, 나도 똑같이 하면 된다고 생각했다.

사실 '내가 책을 쓸 수 있을까?'라는 의문에 싸여 있었다. 책을 쓰는 작가는 아주 유명한 사람들이라고 생각했기 때문이다. 김도사를 처음 만난 날, 이런 의문은 단번에 해소되었다. '성공해서 책을 쓰는 것이 아니라, 책을 써야 성공한다'는 그의 가르침을 들었기 때문이다.

김도사에게 책 쓰기를 배우면서 지난 10년간 내가 수학 과외수업 했던 학생들과의 에피소드, 실패한 경험과 성공한 경험들이 하나씩 생각났다. 나는 이미 수많은 에피소드와 일반 학생에게 나누어줄 노하우를 많이 가지고 있었던 것이다. 쉽게 책을 쓰는 방법을 배운 덕분에 나는 무리 없이 책 한 권을 완성할 수 있었고, 유명 출판사와 계약을 했다. 그리고 예스 24, 교보문고, 알라딘과 같은 온라인 서점에서 공부법 베스트셀러에 올랐다. 그리고 나는 평범한 과외 선생에서 우리나라 사교육의 성지라고 불리는 대치동 수학 강사가 되었다.

대기업을 퇴사하고 수학 강사가 되겠다고 했을 때, 주변 사람들 대부분 나를 만류했다. 안정적인 직장을 왜 그만두느냐, 남들은 가고 싶어도 못 가는 대기업을 왜 퇴사하려고 하느냐며 걱정하는 사람이 대부분이었다. 그러나 책이 출간되고 베스트셀러에 안착하자 걱정으로 가득했던 시선들이 변하기 시작했다. 책까지 쓰고 대단하다는 말을 수없이 들었다. 들어도, 들어도 질리지 않았다.

유명한 사람이 책을 쓰는 게 아니라, 책을 써야 유명해진다는 김도사의 말은 사실이었다. 책을 출간한 후, 네이버에 내 이름 석 자를 검색하면 인물검색에 뜨는 사람이 되었다. 대상그룹 사외보에 칼럼을 기고해달라는 요청을 받아 공부법 칼럼을 쓰기도 했다.

코로나 시대에 강연 시장이 활발하지 않음에도 불구하고 30곳이 넘는 문화센터에서 공부법 강연을 펼쳤다. 독자들은 내 책을 보고 내가 운영 중인 네이버 카페 〈역전수학연구소〉에 컨설팅 문의를 남기고, 공부 방법

컨설팅을 받고 있다. 이 모든 일이 원래 잘난 사람이라서가 아니라, 책을 쓰고 나니 달라진 점들이다.

학원에서 상담 실장님이나 원장님이 나를 소개할 때, 수학 공부법 책을 쓴 작가라는 설명을 항상 덧붙인다. 내가 공부법을 책으로 정리할 만큼 전문가라는 사실을 학부모님들에게 알리기 위해서일 것이다. 실제로 학부모님을 대상으로 상담을 진행할 때, 내가 수학 공부법 책을 쓴 작가라고 이야기하고 책 실물을 보여드리면 학부모님들이 더 신뢰해주시는 경향이 있다. 내 공부법에는 항상 확신이 있었지만, 그것을 책으로 펴냈느냐 그렇지 않으냐에 따라 세상 사람들이 바라보는 눈은 확실히 다르다. 그만큼 책 한 권의 영향력은 어마어마하다.

책을 읽은 분들의 문의도 여러 경로를 통해서 들어온다. 이메일로 자신의 공부 방법이 맞는지 물어보는 학생, 어떤 문제집이 좋을지 물어보는 학부모님, 전화로 우리 아이 수학을 직접 가르쳐달라고 요청하시는 학부모님도 있었다. 그중에서도 가장 기분이 좋을 때는 내 책을 읽고 수학 공부를 어떻게 하면 될지 방향을 잡았다는 이야기를 들었을 때다.

책 한 권을 쓰기 위해서는 해당 분야의 많은 책을 읽고 공부해서 내 것으로 만들어야 한다. 책을 쓰기 이전보다 더 전문가가 될 수밖에 없다.

그 분야에 대해 내가 가지고 있는 지식, 경험, 생각, 노하우를 일목요연한 글로 정리하게 된다. 똑같은 인생을 사는 사람은 없기에, 내가 가진 경험과 노하우가 누군가에게는 아주 귀중한 가르침이 될 수 있다. 바로 지금, 자신의 이름으로 된 책을 한 권 써보도록 하자. 단언컨대, 새로운 인생이 시작될 것이다.

최경선

약력 : 사업의 성공과 실패로 가장 가까운 사람들로부터 상처를 받고 우울증과 좌절을 겪었으나 아픈 감정을 내려놓으며 빛이 되는 삶을 살고 있다. 작가, 감정코치, 상담가, 동기부여가, 강연가

저서 : 『감정 내려놓기 연습』, 『나쁜 감정으로부터 나를 지키는 연습』(공저)

뻔뻔하고 단호하고 나답게
사는 법을 배웠다

"나 아니면 누가 하느냐? 지금이 아니면 언제 할 거냐?"라고 말해보라.

어제와 오늘은 다른 날이다

뻔뻔하다는 용어는 긍정보다 부정적 감정이 느껴진다. 하지만 정당한 뻔뻔함도 나쁘다고만 보아야 할까? 상대의 의견에 긍정적인 반응도 있을 수 있다. 반면 민감하게 반응하는 심리도 있다. 반대로 생각하거나 행동하려는 경향도 있다. 각자 자신이 옳고 우수하다고 생각한다. 상대가 어떻게 해도 의견을 비판적으로 보려 하는 경향도 있다. 정상적인 뻔뻔함은 상대의 감정에 휘둘리지 않는 나다운 것이며 단호함이 있다.

사람이라면 누구나 자유롭게 생각하고 행동하고자 하는 욕구를 갖고 있다. 살면서 상대의 감정에 강요당하거나 억압을 받으면 어떨까? 자유롭고 싶은 감정으로 반발하지 않을까? 당연히 원하지 않는 상대의 감정을 쉽게 받아들이지 못한다. 억압받는 순간 오히려 자유로운 감정을 회복하려 하지 않을까?

나다운 뻔뻔함은 상대의 생각을 존중하고 그 가치를 상승시킨다. 궁극적으로 의사 결정이 빠르고 명확하게 된다. 부족한 부분이 있을 수도 있고 남들보다 나은 점이 없을 수도 있다. 그렇다고 자신의 자유로운 감정 선택을 억압하는 것은 옳지 않다. 모든 사람은 기본적인 자유를 누리려는 욕구가 있다. 제한되고 억압받은 감정은 당연히 자유를 갈망하게 된다. 이렇게 갈망하는 감정이 원하는 바를 이루지 못하게 방해를 받으면 반발하게 된다.

하지 말라 하면 더하고 싶은 청개구리 심리와 같다. 많은 마케팅에서 이러한 심리를 이용한다. 자신이 원하는 것을 얻기 위해 상대의 마음을 움직이게 하는 심리 기전 감정이다. 일상에서 만날 수 있는 세일즈나 마케팅에는 상대를 향한 이러한 심리적 의도가 숨어 있다.

작가가 되려던 나에게 많은 이들은 내 나이 때문에 안 될 것이라고 생각했다. '저 나이에 이제 와서 뭘 하려고?', '어림도 없는 소리 하네!', '국문학과 출신도 아니면서 말도 안 돼!'라고 할 것이 뻔했다. 나는 책을 쓰기 이전에 벌써 뻔뻔해지기로 결정했다. 보통사람들이 가진 편견을 바꿔주고 싶었다. 무엇보다 분명한 것은 어제와 오늘이 다른 삶을 살고 싶었다는 것이다.

나이는 숫자에 불과하다고 사람들은 쉽게 말한다. 그러나 정작 자기의 생각과 다르면 딴말을 한다. 특히나 주변에 가까운 이나 가족, 친지, 친구들 중에서 많이 볼 수 있다. 상대의 생각을 존중하고 격려해주면 얼마나 좋을까. 그러나 현실은 그렇지 않기에, 나는 작가가 되려는 것을 아예 아무에게도 말하지 않기로 했다. 나의 굳은 결심이 저들의 말 몇 마디에 흔들리고 싶지 않았다. 나 자신의 의식이 확고했다.

남들과 다른 점이 있다면 오랫동안 사업을 하며 경제 일선에 있었다는 것이다. 성공도 했었다. 뼈아픈 실패로 인한 진한 쓰디쓴 좌절의 경험도 있다. 실패가 주는 아픔은 우울증이 되었다. '남들이 나를 어떻게 생각할까?' 하는 부정적인 의식은 마음의 빗장을 걸어 나를 외톨이로 남게 했다.

이제 와 생각하면 그것이 오늘의 빛이 되었다. 사회생활의 많은 인간관계에서 원활한 관계를 잘 유지하려면 나만 착하고 잘한다고 되는 것이 아니다. 웬만해선 괜찮은 척하지만 내면에 상처 받는 일이 허다하다. '다시는 상처받지 말아야지.' 하고 다짐한다. 하지만 좀처럼 잘 되지 않는 때도 있다.

누구보다 굴곡이 많았던 지나온 삶은 내게 주어졌던 과거다. 왜 사람들은 돈이 많아야 성공이라고 생각할까? 나는 계속된 이 질문에 답을 던지는 사람 중 한 명이다. 과거 내가 돈을 잘 벌고 풍요했을 때를 생각하면 그것이 성공이 아니다. 그것은 살아오는 과정일 뿐이었다. 무엇보다 때로는 나 자신은 없고 돈 버는 기계 같은 기분이 들어 나를 허무하게 만들기도 했다. 내가 왜 그렇게 일해야 하는지 몰랐다. 그저 잘 먹고 잘 사는 것만이 아니었다. 일을 열심히만 한다고 자신의 삶을 올바르게 사는 것이 아닌 것과 같다.

뻔뻔하고 나답기 위한 노력을 해야 했다

나답게 산다는 것은 무엇일까? 자신의 삶을 주인으로 살아가는 것이다. 그러기 위해서는 어려서부터 자라온 환경이 중요한 역할을 하지 않을까? 본인보다 타인을 배려하는 것이 미덕이고 가치 있는 삶이라고 배우며 성장한다. 막상 사회에 나와 타인에게 배신과 이용을 당한 경험으로 세상 사람을 믿지 못하는 경우가 생긴다. 이 상처의 경험은 가치 있는 삶을 살지 못하고 세상을 믿지 못하게 만든다.

자연히 가까운 친구에게도 속마음을 털어놓지 못하게 되며 삶이 점점 재미없어지고 우울하여 생활의 활력을 잃어간다. 시간이 지날수록 나아지지 않고 주변인과 멀어지며 원만한 인간관계가 어려워지는 것을 느낀다. 나 자신 삶에 주체자로서 자아를 성장시키지 못하는 감정이다.

의욕 없던 삶이 다시 두근거리는 하루 10분 글쓰기의 힘

나다운 삶을 산다는 것은 무엇일까? 나는 나에게 주어진 길을 주체자로서 자아를 성장시켜야 했다. 또 다른 작가의 세계에 적응했다. 타인과의 원만한 관계를 위해 주어진 삶을 충실하게 나답게 해야 했다. 진정한 나답기를 위해 힘쓰는 것은 힘들지만 나를 기쁘게 한다.

무엇보다 나의 내면에 귀 기울이며 자아의 존재를 들여다보았다. 무엇을 말하고 싶은지 욕구하는 나의 감정을 알고 이해해야 했다. 나의 존재를 존중하는 것이다. 자아의 성장은 내면의 욕구가 존중될 때 나답다. 하지만 사회생활에는 직장을 나보다 우선시하고, 가정을 나보다 우선시하며 개인의 희생을 요구하는 문화가 있다.

그 문화를 중시하면 어떻게 될까? 그들에게는 당신이 예의 바르고 성숙해 보일 수 있다. 하지만 점점 자아의 내면은 약해지고 진정한 성숙함은 어렵다. 그로 인해 자신의 감정과 욕구를 신뢰하지 못하게 된다. 여러 관계는 표출하지 못한 감정으로 실의에 빠지게 된다. 곧 내 삶의 진정한 자아의 자리보다 타인의 시선으로 살아가는 삶이다. 무엇보다 나답게 사는 단호한 결정과 노력이 중요하지 않을까?

뻔뻔하게 당당한 나다움과 단호함으로 나아가는 길

앞서 예의 나는 남들이 갖지 못했던 나만의 뻔뻔함이 있다. 이제 나이도 들고 뭘 하겠는가 하는 일반적인 생각에서 나만의 길을 살려낸 것이다. 화려하고 좋아 보이지 않아도, 베스트셀러가 되어 유명하지 않아도 좋다. 독자들에게 심플하고 럭셔리함이 다소 부족한 부분적일지라도 괜찮다. 그것을 충족해줄 수 있는 나의 진실한 의미가 있다. 이제 작가로서 뻔뻔한 나는 나답게 당당한 단호함으로 불과 반년 동안 세 권의 책을 출간했다.

과거의 성공과 실패도 마찬가지다. 힘겨운 성공과 실패를 누군가에게 의지하고 그들에게 질질 끌려갔다면 어떻게 되었을까? '이것이 아니다.'라고 느껴졌을 때 단호히 결정해야 했다. 그러기 위해서 내면의 정체성을 찾으려 했고 찾은 문제점을 뻔뻔하고 나답게 단호하게 대처해왔다. 그런 결정들에 후회는 없다. 작가로서 폭풍과도 같은 성장의 기틀이 되었기 때문이다.

인생의 궁극적인 목표는 나 자신을 뻔뻔하게, 나답게, 단호하게 사는 것이다. 남들이 뭐라는 일에 신경 쓰는 나머지 자신의 마음을 잃고 사는 일은 불행한 삶이다. 누군가의 사랑을 받기 위해서, 신뢰를 잃는 것이 두려워서 사람들에게 맞추어 성공한다 해도 성공한 삶이라 말할 수 있는가? 그들은 당시는 몰라도 원하는 성공 후 더는 에너지를 발생시키지 못한다.

그런 삶을 살지 않으려면 나답게 살아야 한다. 느끼고 싶지 않은 감정을 억지로 느끼려고 정작 자신이 원하는 삶을 살지 못한다면 어떨까? 더 많이 가지라고, 더 훌륭한 사람이 되어야 한다고, 마냥 노력해 정상에 오르지만 그들은 극심한 공포심과 허탈감으로 인한 나락으로 떨어진다. 우울증에 걸리는 심리는 이와 같다.

지그문트 프로이트(Sigmund Freud)는 자신에게 완전히 솔직해지는 일은 인간이 해낼 수 있는 최고의 역작이라고 한다. 상처로 인한 자책과 소심함으로 인해 타인의 감정에 휘둘리며 자유롭게 생각하고 행동하고자 하는 욕구를 억누른 채 살 수는 없다.

인간관계의 중심에는 나 자신이 존재한다. 나와 이어지는 상대로 인한 두 사람의 관계가 그 뒤를 따른다. 좋은 사람이 되기 위해 나 자신을 잃는다면 남들에게 휘둘려 괴로운 감정만 남는다. 나 아니면 누가 하겠냐고, 지금이 아니면 언제 할 거냐고 스스로에게 질문해보라. 완전히 솔직해져 나의 감정을 실행할 사람은 나 자신밖에 없다.

뻔뻔하게, 나답게, 단호하게 살라고 말한다!

최용일

약력 : S사 인사교육 담당, 네이버 카페 〈직장인영어코칭연구소〉, 네이버 블로
그 〈최부장의 영어이야기〉 운영, 직장인 대상 영어 코칭

저서 : 『나는 영어를 끝장내고 인생이 완전히 바뀌었다』, 『보물지도22』(공저)

책 쓰기로
인생의 터닝포인트를
만들다

    내가 자주 보고 영감을 얻고 있는 '부자 아빠 청울림의 인생 공부'라는 블로그를 운영하는 유대열 씨는 진정한 성공을 이렇게 정의하고 있다.

    "내가 그동안 살면서 깨달은 최고의 성공 법칙은 가고자 하는 방향을 정하고 일단 달리기 시작하고 옳은 방향으로 조금씩 방향을 수정하며 목표에 도달할 때까지 멈추지 않는 것이다. 이것이 전부다. 그 과정에서 세상과 사람과 돈을 공부하고 매사에 성실하고 부지런하게 임하고 다른 삶을 사는 것을 두려워하지 않으며 남들의 비판과 시선 따위는 무시하고 선하고 친절하고 긍정적인 사람이 되는 것 등등의 덕목이 요구된다. 쉬운 일은 아니지만, 방향은 분명하다. 무슨 일을 하든 어디에 있든 성공의 법칙은 여기에서 벗어나지 않는다."

　– 청울림의 60일 인생 역전 프로젝트 "청지개벽"

　나는 영어를 공부하고 영어에서 성공하기 위해 목표의 수준을 정해놓고 목표 지점에 도달할 때까지 멈추지 않았다. 그게 다. 정말 너무 단순하다. 영어 공부하는 게 쉽지는 않다. 그러나 쉽지 않은 걸 따져보면 세상에 힘들지 않은 것이 무엇이 있는가. 힘들다고 생각하니 힘든 것이다. 힘드니까 더 성장하게 되는 것으로 생각하면 힘들지 않을 것이다.

　힘든 만큼 더 크게 성장하는 것이라면 오히려 나에게 더 큰 어려움이 오기를 기대해야 하는 게 아닌가 생각한다.

　내가 좋아하는 유튜버 단희쌤도 성공하기 위해서는 '단무지'를 강조한다. '단순하고 무식하게 지속하는 것'이 성공하는 길이라고 그는 말한다. 내가 영어 공부를 집중적으로 해서 성과가 높게 나타났던 때가 '단무지' 때였던 거 같다. 내가 원어민 수준으로 영어를 구사하는 건 아니지만 영어로 업무를 보는 데는 지장이 없는 정도가 되었다. 전 세계 어디를 가더라도 영어로 사람들과 소통을 할 수 있고 일을 할 수 있다.

　나는 영어 공부를 통해 성공한 경험담을 책으로 써냈다. 책을 쓰기 위해 직장생활을 하며 매일 3~4시간 동안 꾸준히 원고를 써내려갔다. 주위의 시선을 의식하지 않고 책 출간이라는 목표에 도달하기 위해 계획한 원고 쓰기를 해나갔다. 물론 책 쓰기를 실천하기 위해 먼저 책 쓰기의 원리를 배우고 책을 출간한 많은 작가를 벤치마킹해야 했다. 혼자서 할 수도 있겠지만 혼자서 책 출간을 하기 위해 수많은 시행착오를 겪고 몇 년이 걸릴 지 모를 일이다.

예전에는 'S 책 쓰기 코칭'을 통해 7주 과정을 마친 작가들이 D 출판사와 계약을 많이 맺었다고 한다. 그 당시 책 쓰기 과정 수료생들과 제목과 목차 등 출간 기획서만 보고 계약을 많이 했으나 본인 원고의 내용을 다 채우지 못해 출간이 안 된 작가들이 70~80%였다고 한다. 출간 계약 후에 2~3개월이 지나도 원고가 완성이 안 돼서 출판사에서 작가들에게 전화하면 작가들이 전화를 안 받고 피하는 사례가 많았다고 한다. 출판사에서는 많은 돈을 들여 책 쓰기 수업을 듣고 마무리를 못 하는 많은 예비작가를 보고 안타까웠다고 한다.

200~300페이지 분량의 책 원고를 쓰는 작업이 절대 쉽지 않지만 집중해서 하면 될 수 있는 일이다. 요즘에는 〈한책협〉 출신 작가들의 책이 제일 많이 출간되고 있다. 원고도 질이 높고 다 완성이 돼서 투고되니 굉장히 좋다고 한다.

〈한책협〉 출신 작가들은 제목과 목차가 좋아서 원고만 다 쓰면 출판 계약이 다 된다. 나는 〈한책협〉을 통해 책 쓰기를 배웠고 많은 훌륭한 작가분들과 어깨를 나란히 하게 된 것을 자랑스럽게 생각한다.

책을 쓰기 전에 읽어왔던 자기계발서들은 주로 직장생활을 어떻게 하면 잘할 수 있는지에 관한 책들이었다. 직장 상사로서, 직장 부하로서 조직에 어떻게 적응을 잘할 수 있을지, 회사에 대한 충성심과 애사심을 일으키기 위한 책들이었다.

그러나 내가 책을 쓰면서 읽었던 책들은 부자학, 성공학을 다루는 책들이었다. 직장인 의식에서 벗어나 사업가, 사장이나 부자의 정신을 갖게 하는 그런 책들이었다.

책을 읽으며 자본주의 사회에서 직장인의 의식만으로 살아가기에는 너무 위험하다는 것을 절실하게 깨달았다. 아무리 좋은 회사와 직장이더라도 결국에는 종업원으로 시작해서 종업원으로 끝나기 때문이었다.

나는 책 쓰기와 더불어 성공학, 부자학 서적들의 독서를 통해 의식에 큰 변화를 느꼈다. 회사에 출근하면 동료들이 위정자들과 경영자, 부자들에 대한 온갖 불만, 질투, 혐오스러운 얘기만 하고 정작 본인들의 생활에는 전혀 변화가 없는 모습들을 보며 '책 쓰기 전에 나의 모습이 저러했겠구나.'라는 생각을 하게 되었다.

요즘은 유튜브, SNS의 영향으로 책을 읽는 사람들이 많이 줄었다. 그래도 책을 읽는 것은 인생에 변화를 주기 위해 간접적인 영향을 받을 수 있는 것은 사실이다. 그러나 책만 읽고 인생에 큰 변화를 일으키기는 쉽지 않다. 오히려 책을 씀으로써 인생에 큰 변화를 가져올 수 있다. 책을 써서 전문가로서 포지셔닝하고 책의 내용에 대해 본인 자신도 대중들과 약속을 하게 되는 셈이 되는 것이다.

그리고 단순히 책 쓰고 출간만 하고 끝나면 큰 의미가 없다. 물론 책 쓰고 출간하는 것 자체만으로도 쉬운 일은 아니다. 책 쓰고 출간하는 궁극적인 목적은 책의 주제와 내용을 통해 많은 사람에게 선한 영향력을 끼치는 것이다. 그리고 작가인 동시에 멘토, 동기부여가, 사업가로의 변화할 때 책 출간의 의미가 더욱 커질 것이다.

나는 평범한 직장인으로서 책을 출간했다. 내가 오랫동안 영어가 생각만큼 안 되어 스트레스를 받았던 기억을 담았다. 그리고 영어로 의사소통을 할 수 있게 되기까지 고군분투했던 나의 이야깃거리를 담았다. 누군가에게는 나의 이야기가 도움이 될 것으로 생각한다.

회사에서 틈틈이 직장 동료들에게 영어 컨설팅을 하며 도움을 주고 있다. 듣기, 읽기, 쓰기, 말하기 등 영어를 좀 더 효과적으로 공부하고 효율적으로 활용할 수 있는 팁들을 알려주고 있다. 나는 이제 영어로 고생하는 독자를 돕고 싶다.

내가 누군가를 도울 수 있다는 것이 인생을 살아가는 데 가장 큰 동기부여가 된다. 그리고 행복을 느끼게 된다. 책을 쓰고 나니 주변 많은 사람들이 놀랐다. 어떻게 직장에 다니면서 책을 쓸 수 있었는지, 영어 전공자도 아닌데 어떻게 영어에 관해 책을 썼는지 놀라워하며 축하의 메시지를 보내왔다. 친지분들은 "그동안 잘 살아줘서 고맙다." 등의 표현까지 했다. 책을 쓰고 출간하는 일이 집안에 큰 경사인 건 맞나 보다. 책 출간하는 일이 많은 사람에게 인정받을 수 있는 길임은 분명하다. 그래서 책을 쓰고 나니 자존감이 높아지고 자신감도 생기며 새로운 인생의 도전목표들이 속속 생겨나는 것 같다.

책을 쓰고 나니 직장 안에서 개구리 같은 삶이나 부속품 같은 삶에서 벗어나보겠다는 목표가 생겼다. 남은 인생을 좀 더 보람되고 행복하며 희망찬 일생으로 살겠다는 희망이 생겼다. 다른 사람들을 돕고 문제를 해결해주고 기쁨을 주며 살겠다는 비전이 생겼다.

매일 다람쥐 쳇바퀴 도는 직장인에서 벗어나 스스로 변화하기 위해 책을 쓰는 것은 자신의 과거를 돌아보고 청산하기에 가장 좋은 방법이다. 미래를 위해 과거는 잊어버려야 한다.

우리는 고등학교와 대학교를 졸업하고 회사에 입사했다. 그리고 회사가 요구하는 교육을 받고 회사가 필요로 하는 일을 해왔다. 회사의 목표에 맞는 인생을 살아왔다. 회사인, 조직인이니 당연히 그렇게 하는 게 맞았다. 그러나 이제 100세 시대를 맞이하고 있고 회사에 다닐 수 있는 기간은 정해져 있다. 정년 퇴직 나이 기준도 조금씩 높아지고 있다. 그렇지만 주변의 직장인들을 보면 정년 퇴직 나이가 조금씩 높아진다고 해서 그동안 뾰족한 수를 내서 퇴직 후를 준비하는 사람은 거의 보이지 않는다. 우리나라의 사회보장제도가 선진국에 비해 크게 발전되지 못한 상황이다. 본인의 노후는 본인이 알아서 준비해야 한다.

퇴직 전부터 퇴직 후의 비전과 목표를 설계해야 한다. 그런 의미에서 책 쓰고 출간하고 퍼스널 브랜딩하는 것은 필수 불가결한 일이 되었다.

퇴직 후의 준비는 퇴직 10년 전, 늦어도 퇴직 5년 전부터 준비해야 퇴직을 하더라도 공백 기간 없이 경제생활을 할 수 있다. 퇴직하고 뭔가를 새로 공부하고 준비하려면 그만큼 체력도 약해질 것이다. 의식도 직장을 다니고 있을 때보다 약해져 있을 확률이 높다. 적더라도 안정적인 급여가 나오고 있을 때 제2의 인생을 준비하는 것이 심적으로나 육체적으로 낫다.

자신이 경험하고 노하우가 있는 것에 관해 책을 쓰게 되면 전문가로 포지셔닝하게 된다. 나는 영어에 관한 책을 출간하니 영어를 좀 더 잘해야겠다는 생각에 영어 공부도 계속하게 되었다. 전문가라고 해서 책 쓰고 끝나면 거기까지가 그 사람의 수준이 된다. 끊임없이 계속 연구하고 경험하고 실천하는 일이 전문가가 해야 할 일인 것이다. 직장인이라면 퇴직 전에 자기 분야에 관해 책을 출간해보고 퇴직하자. "그때 책 출간해볼걸." 하고 후회하지 말자. 책을 써보고 후회할지 말지 결정하자. 책을 안 써도 후회될 것 같지 않으면 책 쓰기에 대해 논할 필요가 없다. 그러나 자신의 분야에 관해 책을 쓰면 자존감과 자신감이 높아지고 인생에 큰 비전과 꿈을 갖고 살게 될 것임을 확신한다.

내가 영어책을 출간한 것은 수많은 직장인에게 도움을 주기 위해서다. 영어로 인해 스트레스를 받고 시간을 들여 공부해도 발전하지 못하는 직장인들이 내 책의 공부 방법, 성공 경험담을 보고서 동기부여 받고 영어에 성공하는 모습을 보면 큰 기쁨이 될 것이다.

의욕 없던 삶이 다시 두근거리는 하루 10분 글쓰기의 힘

최용일_ 책 쓰기로 인생의 터닝포인트를 만들다

최지오

약력 : 워킹맘 13년차, 세 아이를 둔 직장인이자 작가, 현재 충남서부아동보
호전문기관에서 근무 중

저서 : 『세 아이를 키우는 워킹맘의 행복한 육아 이야기』, 『버킷리스트25』(공
저)

내 안의 작가라는
큰 거인을 깨웠다

　　남들 다 가는 대학을 포기하고 스무 살 때부터 직장생활을 시작했다. 남들보다 많이 배우지 못했다는 자책으로 자존감을 스스로 내리며 살았다. 나의 내면에 배움에 대한 욕구가 누구보다 강했기 때문에, 자존감은 곤두박질쳤다. 직장에 다니면서 방송통신대학을 졸업하기는 했지만 배움의 갈증은 해소되지 않은 채 살았다. 때문에, 바쁜 직장생활 중에도 책은 항상 나의 곁에 있었다. 나는 어떤 책을 읽더라도 '나도 나중에 성공해서 반드시 책을 써야지!'라고 야심 차게 다짐을 하곤 했다.

　　결혼 후 임신, 출산, 육아, 일이라는 일련의 과정을 살아오면서 나의 꿈을 잊은 지 13년이 되었다. 책은 1년에 많이 읽어야 2~3권에 불과했다. 결혼하고 나는 아이들과 남편에게 집중했다. 그래야 하는 것이 맞는 것으로 생각했기 때문이다. 나의 내면의 질량을 채우는 것이 언제나 1순위가 되어야 한다는 사실을 미처 깨닫지 못했다. 나의 것을 취하는 것은 나의 욕심이자 부끄러운 일이라고 인식했던 나 자신이 문제였다. 그러면서 주변 사람들이 승승장구 성장하고 성공하는 모습을 마냥 부러워만 했다. 나의 낮은 자존감은 인생 전반에 나의 손과 발, 눈과 귀, 의식까지 한계를 두고 자유롭지 못하게 만든 주범이다.

2020년 전 세계를 강타한 코로나19는 나의 삶에 변화를 가져왔다. 세 아이를 키우는 워킹맘인 나는 난생처음 실시하는 온라인 학습 및 비등교라는 현실을 맞이한 것이다. 학습은 고사하고 끼니 해결부터 난관에 봉착했다. 외출 금지로 아파트 층간 소음 주범이 되는 등 6.25 전쟁은 난리에 비할 것도 아닌 현실 전쟁이 시작된 것이다. 현실은 울며 겨자 먹기로 육아휴직을 선택할 수밖에 없는 상황으로 나를 내몰았다. 갑작스러운 변화는 나의 삶에도 큰 변화를 일으켰다.

코로나19는 나에게 쉼을 주는 시간이자 기회였다. 코앞만 내다보던 나의 시각이 조금씩 확장되었던 것이었다. 책을 손에 다시 잡은 이유가 전부다. 20여 년 만에 다시 잡은 나의 책은 정신없이 달려온 20여 년의 세월을 위로해주었다. 무엇보다 가장 큰 변화는 잊어버린 꿈을 다시 생각 나게 한 것이다. 막연하기만 했던 책 쓰기 꿈은 문구 하나로 현실이 될 수 있다는 희망으로 가득 채우고도 남았다.

『100억 부자의 생각의 비밀』의 저자 김도사는 이렇게 말했다.

"성공해서 책을 쓰는 것이 아니라 책을 써야 성공한다."

나의 이 인생 문구를 영원히 잊지 못할 것이다. 가슴이 뜨거워지기 시작했고 반드시 해내고 말겠다는 자기암시를 매일매일 하게 되었다.

〈한책협〉의 책 쓰기 수업은 나의 질량을 채우기 위한 첫 투자였다. 무작정 결정하고 일을 저질렀다. 지금 생각해보면 대단한 용기로, 나에게 박수를 보낸다. 두려움도 있었지만, 동기 작가들이 있었고 김도사 스승님의 전폭적인 지지는 나의 허리를 지탱해주었다. 방향을 잡아주면 나는 걷기만 하면 되었다. 사람들은 나에게 대단하다고 말한다. 아이 엄마가 일하면서 어떻게 책을 쓰냐고 말이다. 다른 사람이 생각하는 것처럼 나는 대단하다고 생각하지 않는다. 나는 그다지 어렵지 않았다. 왜냐하면, 정확한 방향이 설정되었고 그 방향으로 몸을 틀기만 하면 되었기 때문이다. 김도사님을 전적으로 믿었고 튼튼한 동아줄로 연결되어 있다는 것을 알게 되니 오히려 김도사님이 정말 대단한 분으로 느껴졌다.

2021년 1월 1일은 인생에서 지울 수 없는 특별한 날이다. 온라인 책 쓰기 수업을 처음 시작한 날로써 아이들 앞에서 떨리던 목소리로 자기소개를 했기 때문이다. 엄마도 두려워하고 어려운 것이 있고 어수룩하지만 도전하는 행위는 아이들에게 산 교육이 된다. 나는 1월 1일부터 3월 2일 출판을 계약하는 시점까지 아이들과 함께했다. 과정에서 수많은 과제를 아이들에게 오픈하고 공유하였다. 기이한 현상은 이때부터 발생했다. 나의 과제 체크를 아이들이 하고 있었다. 과제 마무리를 하면 더 기뻐하는 아이들의 모습을 발견할 수 있었다. 제목, 장 제목, 소제목은 아이들과 함께 의논했다. 코로나19는 아이들과 결속력을 다지는 좋은 변화였다.

첫째 아이는 고등학교 졸업하기 전에 책을 써야겠다는 꿈까지 갖게 되었다. 메모하는 습관, 본인의 사례 및 짧은 글들이 모이면 책이 된다는 사실을 직접 눈으로 본 아이는 큰 포부까지 생겼다. 정말 놀라운 변화이다. 아이들 가슴에 강한 영향력을 끼친 것이 분명하다. 그동안 나는 나를 위한 투자나 꿈은 엄마로서 욕심이자 이기적이라고 생각했다. 나의 엄마가 아이들에게 무조건 헌신적이었던 모습만 보고 자란 영향이었다. 나쁘다고 생각하지 않았기 때문에 나 또한 나보다 아이들이 먼저이고 우선순위였다. 세상은 변해가고 있는데 내가 그것을 인지하지 못한 채 살아가는 것이 아이들에게 재앙이라는 사실을 책을 쓰기 전에는 깨닫지 못했다. 이것은 책을 많이 읽는다고 깨우치는 것이 아니라고 생각한다. 뇌에 강하게 박혀 있는 고정 관념은 뼈를 깎는 노력이나 충격이 아니면 전환되지 않기 때문이다.

나는 원고를 완성하기 위해서 뼈를 깎는 고통을 감내했다. 온 에너지를 새벽 3시까지 쏟아부었다. 스승님의 제목, 장 제목, 소제목의 방향이 아니었다면 온 에너지를 원고 쓰는 데 쏟을 수 없었을 것이다. 오히려 제목, 장제목, 소제목의 빠른 확정은 나에게 에너지를 더 실어주었다. 그렇다. 스승님의 책 쓰기 코칭은 마인드 컨트롤까지 포함되어 있었던 것이었다. 내가 미처 생각지도 못했던 상황까지 수십 년간의 경험으로 미리 알고 계셨다.

나는 매번 시작은 거창하나 끝은 흐지부지되는 그런 경험을 많이 했다. '용두사미' 앞에서 매번 무릎을 꿇어야 했던 나이다. 하지만 끝까지 할 수 있도록 끌어주고 밀어주는 스승님은 경험해보지 않으면 절대 모른다. 많은 작가가 있는데 오로지 나만 1:1로 코칭해주는 느낌을 어떻게 받을 수 있단 말인가. 나는 그런 느낌으로 전적으로 신뢰하게 되었다.

작가라는 호칭은 정말 어색했다. 나의 옷을 입고 있지 않은 그런 느낌이었다. 출판 계약을 했는데도 실감이 나지 않았다. 이제껏 이런 경험을 해보지 않았기 때문이다. 간절함 앞에서 나약한 의지와 낮은 자존감은 나를 원래 상태로 돌려놓은 채 살았다. 익숙한 것에 익숙하다고 나는 변화하면 제자리로 돌아가려 했다. 이번은 달랐다. 전으로 돌아가고 싶지 않은 나의 성공이다. 더 발전하기 위해 용기를 더 내려는 욕망이 채워지고 있었다. 나이 사십이 넘어서 이렇게 열정을 살릴 수 있다니 정말 기적과 같았다.

3개월이라는 시간 동안 나의 의식은 많이 성장해 있었다. 책을 썼다고 자랑하고 싶은 생각보다는 이제 시작이라는 생각에 어떤 방향으로 나아갈지 나와 대화를 하고 있었다. 항상 내면의 소리를 묵살하고 살아왔는데 이제 좀 들어보고 싶었다. 내가 원하는 것이 무엇이고 무엇 때문에 살아가는 것인지 말이다. 지금껏 단 한 번도 나와 마주하는 명상의 시간이 없었다. 명상의 시간을 가져도 내가 아닌 다른 사람이 들어와 있었다. 내 자신에게 정말 미안해졌다. 이제는 그러지 않겠다고 쓰다듬고 위로해주었다.

"진선아, 그동안 정말 미안했어. 너를 먼저 생각하는 것은 나쁜 것이 아니야. 반드시 해야 하는 것이야. 그것이 너를 위하는 길이고 가족을 위하는 길이야."

묵은 변이 내려가듯 마음이 한결 가벼워짐을 느끼게 되었다.

사실 〈위닝북스〉 대표 권마담은 나와 궁합이 잘 맞았다. 나보다 나이는 적지만 나의 롤모델로 가치 있는 분이다. 나와 마주하는 시간은 권마담에게 배운 것이다. 나는 1분부터 시작했다. 1분이 2분이 되었고 점점 늘어나 몇십 분까지 내면의 메시지를 듣게 되었다. 그렇지 않았다면 나는 여전히 내 삶에 내가 없었을 것이다. 책을 내긴 했지만 내가 없는, 그냥 그런 수많은 작가 중 한 명일 뿐이었을 것이다. 그리고 사람들의 기억 속으로 사라졌을지 모른다. 내가 제일 어려워하는 것 중 하나는 나를 외부 세상에 드러내는 일이다. 남의 이목을 집중 받는 것은 어디론가 사라져버리고 싶은 심정까지 들게 한다. 심장이 터질 것 같은 공포심마저 가져온다.

권마담은 나를 따뜻하게 안내해주었다. 할 수 있다고 칭찬해주었고 동기부여 안 되는 사람임에도 동기부여를 가득 넣어주셨다. 책을 쓴 이후의 행보를 고민하게 했고 나의 색깔을 찾을 수 있도록 항상 "예스! 예스! 예스!"로 답해주었다.

덕분에 나는 정말 행복한 사람으로 살아가고 있다. 불과 3개월 전만 해도 미래가 없는 코로나19 탓만 하고 있었다. 이런 나를 책 한 권이 시작점이 되어 살렸다. 용기를 주었고 선택하게 했고 실행했고 작가라는 꿈

최지오_내 안의 작가라는 큰 거인을 깨웠다

을 이루게 했다. 나아가 인생 2막까지 준비하게 되는 내가 있게 했다.

나의 자존감은 나이 사십이 넘어서 조금씩 회복되고 있다. 오래 걸린 만큼 나눌 이야기가 많다. 이런 나의 경험으로 선한 영향력을 끼치고자 한다. 나의 롤모델 권마담이 베푼 선한 영향력을 배웠다는 것은 나에게 기회인 셈이다. 내가 받은 것은 다른 사람에게 베풀어야 하는 세상 이치를 따를 것이다.

작가의 삶이 이렇게 행복할 수가 없다. 행복한 만큼 책임 있는 자로 살아가는 사람이 되고자 한다. 스승님의 가치를 더욱 빛나게 하는 것이 은혜에 대한 보답인 것이다.

최지오_내 안의 작가라는 큰 거인을 깨웠다

태재숙

약력 : 9년간의 주부, 10년간의 사업가, 현재는 임대사업자, 부동산컨설턴트
겸 작가

저서 : 『부동산 투자는 최고의 부업이다』, 『임장의 여왕이 알려주는 부동산 투
자 전략』, 『보물지도20』(공저)

내 인생의 설계도를
만들게 되었다

2016년 어느 날 운명의 시간이 다가왔다. 폐업하고 자신을 돌아볼 현실적인 계기에 맞닿았다. 지금껏 자신이 살아온 삶은 주어진 환경 속에서 연연한 시간의 연속이었다.

그러다 위기를 맞이하여 사업을 접고부터 문제에 봉착했다. 다음 생활을 이어가야 할 방향을 찾던 중 인간의 근본적인 문제에 직면하게 되었다. 지금까지 경제적인 활동을 하면서 생활만 해왔지 따로 여유 있게 돈을 가지고 살아본 적이 없어, 직업을 찾아야 했다. 찾던 중 내가 무엇을 잘하고, 재능이 무엇이며, 무엇을 위한 삶인지? 근본적인 문제에 부딪히게 된다. 그러다 보니 한없이 깊은 생각에 잠겨 자신감은 줄어들고, 자존

태재숙_내 인생의 설계도를 만들게 되었다

감은 바닥을 기고 있었다.

그런 데다가 활동량은 줄어들고, 사람과의 접촉은 차단한 채 우울감에 빠져 살아 있어도 살아 있는 게 아닌 상태까지 이르게 되었다. 모든 사물이 부정적으로 보였으며, 당시의 현실은 타인에 대한 원망과 서러움으로 가득 차 있었다. 문제의 화살을 남에게 돌리는 시각을 갖고 하루하루 시간을 보냈다.

그러면서 알게 되었다. 지금까지 자신이 누구인지도, 무엇을 원하는지도 모르고 구체적인 꿈 없이 살았음을 알게 되었다. 그러다 보니 현실에 떠밀려 자신은 온데간데없고 현실적 문제에 매몰되어 한없이 허우적대고 있는 자신을 발견하게 되었다.

나의 길을 찾아야겠다는 생각을 하면서 방법을 찾다가 자신의 문제점을 발견하게 되었다. 첫째, 난 나만의 꿈이 부재했다. 구체적인 인생 목표와 방향 없이 떠도는 방랑자처럼 현실적인 문제에 휘둘리고 있었다. 그리고 삶의 중심축을 자신이 아닌 현실문제에 두다 보니 언제나 갈팡질팡 중심이 없었다. 바람에 나부끼는 갈대처럼 상황과 여건에 따라 일희일비하기가 다반사였다. 이 모든 의문과 문제가 책을 쓰고 나면서 해답을 얻게 되었다.

내용의 질을 떠나 철저한 자신과의 만남 없이는 책을 완성할 수 없다.

책을 쓴다는 것은 자신이 자신을 객관적으로 바라보는 작업인 동시에 자신을 정리하는 시간이다. 정리된 자신을 원고에 옮기는 과정이 동반되어야 원고가 완성된다. 지금까지 살아온 자신을 철저히 들여다보는 시간이 원고 쓰는 작업이다. 책 한 권은 자신을 들여다보면서 만들어진다. 그러다 보면 자신이 갖는 시각과 사고가 얼마나 객관화되지 않았고 비논리적인지 깨닫게 된다. 그러면서 자신이 지금까지 느낀 감정과 일들이 다 나로부터 시작임을, 다시 말해 자신의 편견과 선입견을 발견하게 된다. 그리고 현실 속에 갇힌 자신을 발견하게 된다. 책을 쓰면 이러한 과정을 밟게 된다. 결국 책을 쓴다는 것은 자신을 위한 치유책이자, 과거에 대한 아픔의 승화 작업이며, 미래에 대한 준비 시작점이다.

개인적으로 재테크에 관심이 많다. 그래서 사업하면서, 돈만 모이면 투자를 했다. 그래도 수익률에 만족을 못해 두드리고 두드렸다. 처음에는 금융상품에 소액씩 투자하다가 단위를 키워 투자해나갔다. 어느 날 한계를 느끼고 부동산으로 방향을 돌리게 되었다. 다행히 운 좋게도 제대로 된 멘토를 만나 투자에 성공했다. 그러면서 재테크의 시야를 넓히게 되었다.

그동안 투자는 하지 않고 일만 하면서 살았다. 누군가에게 일과 동시에 투자까지 병행하여 경제적으로 빠르게 자유를 획득할 방법을 알려주고 싶다는 막연한 생각을 했었다. 그래도 구체적인 방법은 몰랐다. 그런데 책을 쓰면서 나의 경험을 통해 깨달은 것을 남에게 알려주며 시행착오를 줄여주는 꿈을 갖게 되었다. 그러다 보니 예전에는 모든 것을 배워 무엇을 하려고 하면 언제나 그 자리였으나, 지금은 배움이 아닌 가르침의 위치에 자신을 놓다 보니 지금까지의 자세와 180도로 달라진 태도를 한 자신을 발견하게 되었다. 꿈을 갖고 보는 시야에서는 세상이 천국이었다. 지금의 불편한 문제는 왜 생겼는지에 대한 원인부터 어떻게 하면 해결될 것이라는 방법까지 떠오른다. 그리고 사람들이 보이기 시작했다. 꿈을 갖고 사는 사람인지 드림 킬러인지 말이다. 가까운 지인에게도 이제는 분별력을 실천하고 있다. 이 모든 과정이 책을 쓰면서 변화된 현상이다. 책이 이런 효과인지 꿈에도 몰랐다. 책을 쓰는 과정에서 자신을 정립하고 정돈하게 되었다.

먼저 자신의 정확한 꿈을 갖게 됨으로써 가야 할 방향을 정하게 된다. 자신이 방향을 정하여 나아가는 과정은 자신이 누구인지를 알아야 가능하다. 그런데 그 의문을 푸는 데 나의 책 쓰기 스승님께서 큰 동기부여가 되었다. 스승님은 왜 책을 써야 하는지 알려주셨다. 스승님께 책 쓰기 코칭을 받으면서 의식에 관한 끊임없는 자극을 부여받는다. 그 과정에서 나의 단단하고 쇠붙이 같은 편견을 깨뜨려야만 원고를 쓸 수 있다. 그냥 형식에 얽매여서는 원고를 완성하지 못한다. 내가 누구인지, 내가 이 세상에 태어난 목적과 이 세상에서 해야 할 과제, 나의 현주소를 정확히 파

악하지 않고는 절대 원고를 완성할 수 없다. 나는 책 쓰기 과정을 통해서 철저히 자신을 보았고, 자신의 나아갈 방향을 잡았으며, 구체적인 인생 목표와 목적을 세우게 되었다.

눈물과 억울함으로 점철된 자신의 지나온 시간은 이 순간을 깨우치기 위한 밑거름임을 깨닫게 된다. 책 쓰기 전에는 자신이 얼마나 소중하고 귀한 존재인 줄도 모르고 스스로 을의 자세로 살았다. 먹고살기 위해서 스스로 위선을 떨면서 착한 척 꼭두각시놀음한 것이다. 속으론 이를 갈면서 말이다……. 그러나 나는 언제나 소중하므로 이제는 을의 자세를 가질 필요도, 먹고 살기 위해서 비굴하게 행동할 이유가 없다. 남이 짜놓은 틀에 갇혀 경제적인 활동을 하지 않아도 된다. 그동안 내가 경험한 지혜를 통해 누군가에게 도움을 주며 그 속에서 보람과 성취감을 맛볼 수 있도록 경제 활동의 모든 계획과 구상은 내가 주도적으로 한다. 나의 인생에서 내가 열쇠를 쥐고 현실을 제어한다.

책 쓰기 전에는 부당한 대우를 받아도 해결 방법을 몰랐다. 혼자만 울었다. 그런데 이젠 그 테두리에서 완벽하게 벗어났다. 어느 누가 흔들어도 영향받지 않을뿐더러 휘둘리지 않을 자신이 생겼다. 이것 또한 스승님 만나 책을 쓰면서 회복한 자아존중감이다. 즉 자신의 존재감을 알게 되면 첫 번째 꿈이 생기고 타인의 부당한 태도가 바로 거슬리기 시작한다. 그리고 당당한 자세로 저지할 힘이 생긴다. 즉 내가 바로 서 있고 내 삶의 주인으로 살아갈 때 타인도 날 주인으로 대우해준다. 책 쓰기 전에는 내가 나의 주인이 아니어서 남들도 나를 마음대로 휘둘렀다. 결국 타인이 나를 대하는 태도는 내가 만드는 것이다. 이 모든 것을 책을 쓰고 나서 알게 되었다. 내가 나의 주인임을 포기한 이상 누구도 날 주인으로 대접해주지 않는다. 또한 삶의 키를 내가 쥐지 않는 이상 누구도 나의 키를 돌려주지 않는다.

이제는 당당하게 내 삶의 주인으로 살아갈 힘과 자긍심을 책을 쓰고 나서 갖게 되었다. 얼마나 자유롭고 평온한지 모른다. 책 쓰기 전 하루와 책 쓰고 난 하루의 시간은 같을 텐데도 너무도 다른 이 느낌! 주인의 삶과 종의 삶 사이에 느끼는 기분 말이다.

내가 모든 걸 제어하며 시간을 설계하며 계획에 따라 짜임새 있게 해나가는 생활은 새 생명을 얻는 느낌을 준다. 모든 중심에 내가 서 있으므로 문제가 발생해도 문제를 바라보는 자신은 흔들림이 없고 오롯이 문제에 대한 해결책만이 보인다.

책 쓰기 전에는 어떤 문제가 발생하면 스스로 중심축이 흔들려 근간이 없는 상태로 해결책을 찾는 데 온 기운을 다 빼앗겼다. 그러나 이제는 문제와 나의 상태를 구분하여 해결하는 내적 여유까지 확보했다. 실생활의 문제와 나의 문제가 뚜렷이 구분될뿐더러 조금씩 나아가는 내적 성장은 나 자신도 놀랄 정도이다. 그러면서 한층 더 여유로워졌고 인간관계도 복잡하게 얽힐 이유도 없으며, 과거와는 많이 정리되었다. 그러므로 자신의 시간을 더 늘려나가기를 진행 중이다.

어느 날 병원 진료일에 주치의에게 책을 사인하여 드렸다. 그랬더니, 매우 놀라시며 이렇게 훌륭하신 분인 줄 몰랐다며, 그 뒤부터는 예우를 해주시는 걸 보고, 나도 놀랐다. 가장 놀란 사람은 가족일 것이다. 특히 남편이 놀랐다. 어느 날 아내가 책이라는 결과물을 낳으니 믿기지 않는다는 느낌이다. 그러면서도 아내라는 존재에 대한 시각이 전환된 것 같다. 남편의 그런 태도 속에서 스스로 뿌듯함을 느낀다.

책을 쓰면 첫 번째로 저자 스스로 변화를 겪는다. 그 다음으로 저자의 가족이 변화를 겪는다. 친정엄마께서는 지금도 놀라신다. 그 대단한 일을 할 생각을 어떻게 했으며, 또한 이루었다는 것이 놀랍다며 예전의 모습과 다른 면을 보이신다. 가까이는 가족의 변화이고, 친구들의 변화이다. 한 친구는 책을 쓰고 나니 훨씬 깊이가 느껴진다며, 뿌듯해한다.

또한, 그런 대우에서 인간은 사회적 동물이라 기분이 업이 된다. 이렇듯 책을 쓰고 나서 많은 변화를 겪었다. 나는 오늘도 내적 성장을 이루면서 삶의 주인이 되는 시간을 보낸다. 어제는 메일을 열어보니 독자로부터 상담 문의가 와 있었다. 이미 작가로서 상담을 해주는 위치에 놓여 있다. 책을 쓰지 않았다면 나에게 물어볼 사람이 누가 있겠는가? 이미 누군가에게 도움을 주는 위치에 서 있는 것이다. 자신이 원하는 삶의 방향을 이끌었다. 이 모든 것은 시각전환에서 이루어졌다. 자기 삶의 방향도 설정하지 못하고 휩쓸려 다닌 시간을 보내다가, 어느 날 가던 시계가 멈추듯, 사업을 폐업하게 되면서 모든 것을 원점에서 되돌아보게 되었다.

그러면서 책을 쓰게 되었다. 현실적인 나의 모든 문제를 인식하게 함과 깨달음을 통해 지난날과는 전혀 다른 인생을 살게 한 것은 책 쓰기가 준 선물이다. 지금은 책을 읽은 독자로부터 조언 요청이 오고, 난 컨설팅을 해주고, 더 깊이 이해해야 하는 독자들에게는 과정을 통해 교육도 하고 있다. 그리고 친척, 친구들로부터 이젠 상담 요청이 온다. 지금은 돈 벌기보다는 내가 가지고 있는 지혜를 나누고자 하는 마음으로 하고 있다. 얼마나 뿌듯한지 모른다. 내가 이미 알고 있는 지식은 누구나 다 알 것이라고 예단했던 내가 책을 쓰고 나서는 그것이 누군가에게는 소중한 정보가 될 수 있다는 것을 앎으로써 자문하는 한 사람 한 사람을 소중하게 대하고 있다. 이 모든 것이 책을 쓰고 나서 생긴 일이다.

책 쓰기 전에는 자신의 문제에 빠져 타인을 돌아볼 여력도 없었을뿐더러, 잘못된 시각으로 보지 않으면 다행일 정도였으나, 이제는 남도 돌아볼 정도의 여유가 생겼다. 그리고 자신의 할 일도 구체적으로 세우며, 자

의욕 없던 삶이 다시 두근거리는 하루 10분 글쓰기의 힘

신의 성장을 위한 일이 무엇인지 나아가는 시간을 갖게 되었다. 같은 하루라도 훨씬 밀도 있게 보낼 수 있는 시간을 확보하고 삶의 우선순위를 정할 줄 아는 자신으로 변모하고 있다. 경험으로 최고의 자기계발은 다독이 아닌 책 쓰기라는 것을 체화하게 되었다.

한예진

약력 : 홍익대학교 교육대학원 석사, 1인 출판사 〈예진북스〉 대표
저서 : 『오늘은 기적이고 선물입니다』, 『버킷리스트24』(공저)

내 안에 또 다른 '다양한 나'를 알게 되었다

"새는 알에서 나오려고 투쟁한다. 알은 세계이다. 태어나려는 자는 하나의 세계를 깨뜨려야 한다." 그러나 그들은 세계가 자기 안에 있다는 사실을 모른다. 헤르만 헤세의 자전적 소설인 『데미안』은 진정한 삶의 목표를 찾고 나 자신의 삶을 위해 정신적 성숙이 인간의 삶에 중요하다고 했다. 다양한 꿈을 꾸며 성장했던 지난날이 때론 내 안의 낯선 나와 마주할 때가 있다.

나는 경험주의자다. 다양한 경험을 통해 진정한 나를 찾을 수가 있기에 꾸준히 한 직장을 다니기도 했고, 싫증으로 새로운 것을 추구하며 많은 경험을 했다.

경험은 인간을 지혜롭게 만들고 경험을 통해 반성이라는 과정이 가능해진다. 자신의 경험을 반성할 기회는 흔하지 않다. 어린아이 시절에서 벗어나지 못한 어른이 되어 운명에 용기 있게 맞서지 못한 나였다. 책을 쓰면서 나의 미성숙한 가치관이 형성된다는 아주 중요한 사실을 깨달았다. 책을 집필하는 것은 새가 알을 깨는 것처럼 아주 힘들고 어려운 일이다. 그 과정이 굳은살이 되어 '나는 무엇을 위해 사는가?'를 생각하게 되었고 답은 내 안에 있음을 알게 되었다.

자신이 세상에서 가장 가치 있는 귀한 존재로 느껴지는가? 혹시, '그렇다!'라고 대답하기가 망설여진다면 책 쓰기를 꼭 권하고 싶다. 그리스의 철학자 소크라테스는 인간은 언제나 자신을 전보다 더 나은 존재로 개선해 나아갈 수 있으며, 이것이 인간이 지닌 위대함이라고 했다.

남들에 의해 결정되어 이끌려 지내왔기에 나 자신으로 살지 못하며 남을 탓했다. 부정적인 것들을 물 흐르듯 흘려보내기 위해서는 내면의 소리를 들어줄 기회가 되어야만 하고 그래야 부정이 지나가고 긍정이 다가온다. 책을 쓰는 것은 이미 완료된 기억을 돌이켜 재해석하는 것이며, 미래를 다짐하고 현재 실천할 수 있는 긍정의 에너지를 갖게 해준다.

괴롭고 고통스러운 지나간 일도 현재 내가 처한 상황에 다르게 해석되어 책을 쓰고 난 후의 삶을 진지하게 관찰하고 배우려는 태도와 자세를

의욕 없던 삶이 다시 두근거리는 하루 10분 글쓰기의 힘

갖게 되었다. 빠르게 변화하는 이 시대 속에서 속도에 맞춰 인생을 살아가도록 꿈과 희망, 그리고 용기를 얻게 되었다.

내 안에 또 다른 나를 만나 인정하고 치유하며 꿈을 실현해주는 것은 책을 쓰는 일이다. 공부를 잘하고 똑똑한 아이들보다 내면의 자아를 발견하여 자기 자신으로 살 수 있는 자녀가 되기를 바란다면 책 쓰기가 단연코 최고로 좋은 방법이다.

열심히 많이 하는 것만이 중요하지 않듯, 나아가야 할 방향을 잘 설정할 수 있어야 삶의 방향을 알게 된다. 다가올 미래에 대한 나의 삶을 디자인할 수 있기에 인생의 터닝포인트가 된다.

긍정적인 나를 떠올린다면 긍정적인 나와 만나게 될 것이고 부정적인 나를 떠올린다면 부정적인 나를 끌어당기게 될 것이다. 매력적인 나를 떠올린다면 매력적인 나를 만나게 된다. 자신을 발견하고 나아가 나와 관계되어 있는 사람과 일을 사랑하게 된다. 만약 우리가 어떤 사람을 미워한다면, 우리는 그의 모습 속에서 바로 우리 자신 속에 들어 있는 그 무엇인가를 보고 미워하는 것이다.

책 쓰기는 자신의 목소리를 들을 수 있는 훌륭한 도구가 되어 다양한 고민과 경험들로 진정한 삶의 의미를 발견할 수 있다. 내 안의 나를 발견하고 이해하는 과정이다.

근심과 걱정 속에 다람쥐 쳇바퀴 돌듯 항상 제자리를 맴도는 딱한 사람 중 한 명이 바로 나였다. 결혼생활과 시댁과 일, 돈, 자녀들에 관해 지인들과 이야기하면서 나 자신이 스트레스를 받는 것을 보았다. 같이 맞장구를 쳐주며 힘들어하던 예전의 내가 변화되었다. 거절하거나 거절하지 않거나, 나의 수용 여부에 따라 삶은 변하는 것이다.

사람은 습관의 동물이다. 타인을 판단하고 누군가를 미워하는 것에서 벗어나 세상에서 가장 소중한 나를 위해 크게 심호흡하고 평화로운 시간을 가진다. 책을 쓰고 지인분들은 나를 보고 걱정 없이 무척 행복해 보인다며 부럽다고 말했다. 나도 모르는 순간에 나의 마음에 차곡차곡 쌓아온 것들을 바람에 날려 보내지 않고 감사함과 소중함으로 바라보았다.

사람들에게 좋은 에너지를 주고 있는 내가 신처럼 느껴졌다. 주변분들에게 나의 책에 사인을 해주면서 그 동안 잘살아왔다고 자부심을 느꼈다. 길을 아는 것과 그 길을 실제로 가는 것은 많은 차이가 있다.

내면과 소통을 하며 모든 것이 점점 좋아지고 있음을 알게 되었고, 마음이 평온해져 더 큰 성공을 위해 나아갈 수 있는 확신이 생겼다. 〈한책협〉 대표 김도사님을 만나 나의 꿈을 이룰 수 있었으며 퍼스널 브랜딩이 되어 우뚝 서게 되었다.

전국 각지에 있는 도서관에 나의 책을 기증했다. 힘들고 지칠 때마다 도서관에서 책을 보며 위로를 받았었는데 나도 누군가에게 도움을 준다는 것에 기뻤고, 내가 준 것보다 100배 더 많이 되돌려 받아 뿌듯했다.

거창하진 않아도 내가 알고 있는 이야기를 정리하여 내면의 큰 행복감을 느꼈다. 주변 사람들에게 책을 선물함으로써 희망의 씨앗을 나눠주게 되었다. 나의 부정적인 것들은 물 흐르듯 흘려보내고 내면의 소리를 들어줄 기회로 만들어 긍정적인 것들로 변화했다. 책을 쓰지 않았다면 아직도 의심과 불안 속에서 살아가고 있었을 것이다. 내 안의 목소리를 들을 때 내적인 성장은 이루어진다.

코로나19로 인해 바깥 활동이 자유롭지 못해 슬럼프에 빠졌었지만 나에 대한 책임감이 생겨 나의 일을 하며 차곡차곡 나만의 레벨을 쌓을 수가 있었다.

책이 세상 밖으로 나오니 주변 사람들이 많이 부러워하며 대단하다고 많은 칭찬을 해준다. 부끄러웠다. 때론 시기나 질투한다는 것도 알게 되었지만, 그것에 일일이 대응하지 않기로 했다. 잎사귀만 너무 무성하면 뿌리를 잘 내리지 못하기에 나는 뿌리를 깊게 내리고 스스로 잘 보살필 것이다. 어떤 마음과 생각으로 행동하느냐가 중요하기에 나에게 집중하는 즐거움에 능숙해질 것이다. 불안하면 세상을 바라보는 시야가 좁아지게 된다.

인간은 누구나가 외롭다. 그 길을 혼자 가기에는 힘이 들기에 서로 감정을 나누고 위로해줄 무언가가 필요하다.

책을 쓰면서 다양한 나를 알게 되었다. 바쁘게 아르바이트를 했던 나, 미술을 배우며 많은 꿈을 꾸던 나, 직장생활을 하던 나, 많은 사람 안에서도 또 다른 나의 모습들은 다양하다.

전문적인 공부를 하고 싶은 목표가 생겼다. 책을 쓰고 집중하기 위해 나만의 서재를 작업실로 꾸몄다. 인간은 태어난 후에 어떠한 경험을 하느냐에 따라 결정된다. 다양한 경험을 통해 진정한 나를 찾을 수가 있다. 책을 쓰고 나서 인간의 삶은 기쁨과 즐거움으로 꼭 행복해야 한다는 생각이 사라졌다.

인간은 경험을 통해 성장한다. 경험은 인간을 지혜롭게 만든다. 지나간 일들이 떠올리기 싫을 만큼 힘든 일이 될 수도 있지만, 책을 쓰면 현재 시점에서 다양한 관점으로 바라볼 수 있는 여유가 생긴다. 과거의 모습도 내가 평가하는 것이기에 현재 나의 생각과 마음에서 상황을 다르게 해석하게 되고 힘들고 괴로운 과거에 머물지 않기 위해서는 현재의 내가 수용하고 이해해야 한다. 원하는 것에 더욱더 배움의 중요함을 알게 되었다.

고생하고 노력한 시간은 불안감과 두려움을 앞선다. 인간은 경험하고 반성하면서 성장하지만 그 경험을 반성할 기회는 많지 않다. 책 쓰기를 통해 나의 가치관이 변화되는 것을 실감한다. 좋은 집과 멋진 차를 사고 좋은 학교에 들어갔어도 성공했다고 단 한 번도 들어본 적이 없었다. 하지만 첫 책을 내고 가장 성공한 사람이라는 말을 주변 지인분들에게 난생처음으로 들었다. 책은 영원히 남는 것이라며 가장 부럽다고 하셨다.

가장 좋아하는 화가가 빈센트 반 고흐라는 것도 책을 쓰고 나서야 알게 되었다. 피카소, 마티스, 모네, 데이비드 호크니 등 많은 화가를 좋아했지만, 주위를 맴돌기만 했을 뿐이다. 꿈과 희망이 선명하지 않으면 아름다운 삶이 될 수 없으며 즐거운 인생이 될 수 없다. 무거운 삶을 즐겁게 사는 것이 아니라 억지로 버텨내는 시간이 된다.

주어진 삶에 대한 시간을 즐기기보다는 성과나 목표에 맞춰 나 자신을 평가했다. 그 누구도 아닌 나 스스로가 가장 나를 괴롭혔다. 모든 것은 책을 쓰고 나서 바뀌었다. 가장 먼저 내가 나를 대하는 마음가짐이 바뀌었고 세상을 새로운 시각으로 바라볼 수 있게 되었다.

내 안에 또 다른 '다양한 나'를 받아들이고 치유하며 꿈을 실현해주는 것은 오로지 책을 쓰는 일을 통해 가능하다. 코로나19로 평온한 일상이 깨져 불안하지만 매일 아침 눈을 뜨고 감사한 마음으로 하루를 시작한다. 바쁘게만 살아온 것을 멈추고 최고의 삶을 위해 자신을 신뢰한다.

한 가지 사실에 여러 가지의 의미가 존재하듯 세상은 복잡한 일로 엉켜 있기에 곧은 마음으로 집중하여 바라보려고 노력하지 않는다면 혼란은 더욱 커지기 마련이다.

고통 속에서 더욱 빛이 나는 반 고흐처럼 많은 사람에게 꿈과 희망이 되고 싶다는 것을 발견하였다. 책을 쓴 것과 모든 서점에서 나의 책을 구매할 수 있다는 것은 너무나 멋지고 신기한 일이다.

찬란한 태양이 빛나는 현재를 살아가는 나는 화가 빈센트 반 고흐를 무척 좋아한다. 그는 37년이라는 짧은 생애 동안 879점의 그림을 남겼지만 지독한 가난에 시달렸으며, 살아생전에 단 한 점의 작품만 판매가 되었다. 희망을 잃지 않고 자신의 길을 묵묵하게 받아들이며 열정을 다해 살아왔음을 책을 통해 남겨두고 싶다. 오늘을 위해 부족함이 없는 시간이다. 내가 시간의 주인이지 결코 시간이 나의 주인이 아니다. 따뜻한 관심이 필요한 나의 10대, 하고 싶은 것이 너무 많아 늘 시간에 쫓겼던 20대, 사회생활과 경제적으로 힘들었던 30대, 나이 듦에 대한 인생의 고민이 많은 40대를 겪고 있었지만, 책을 쓰고 어둠에 가려 보이지 않는 문을 찾을 수 있었다. 책을 쓰는 동안 나는 내 안에 있는 또 다른 나를 알아가고 내가 꿈꾸는 세상을 찾아가는 아름다운 삶의 시간 여행자였으며 가장 '나다움'을 발견하였다.

한예진_내 안에 또 다른 '다양한 나'를 알게 되었다

해인

약력 : 유아교육 전공, 상담심리 공부, 중년 성장통을 주제로 한 시니어 작가

저서 : 『중년 이후에 깨달은 내 인생의 소중한 것들』, 『버킷리스트25』(공저)

중년 이후가
내 삶의 황금기가 되었다

어느 날, 몸살처럼 찾아온 글을 쓰고 싶다는 욕망이 나를 작가의 길로 인도했다. 어린 시절부터 늘 꿈만 꾸던 일이었지만 나는 어느새 꿈을 이룬 사람이 되었다. 그것은 정말 끌어당김의 법칙이 작용한 것일까? 작가 '해인'이라니!! 아직도 내 책을 보면 내가 쓴 것이 맞나 싶을 정도로 실감이 나지 않는다.

책을 쓰는 중에는 누구한테도 말할 수 없었다. 늘 의지박약인 내가 제대로 끝마칠지도 알 수 없거니와 네가 무슨 글을 쓴다고 하느냐는 조롱을 당할까 두려워 아무에게도 말할 수 없었다. 같이 사는 아들 며느리에게도 확실한 말을 해줄 수 없어 평소처럼 책이나 읽고 일기나 쓰는 모습처럼 보여야 했다. 원고 투고 후에 딸에게도 말을 하고 공표를 하니 모두 입을 다물지 못했다. 가장 가깝게 지내는 친구에게 바쁘다며 만나는 횟수를 줄이고 있으면서도 이유를 설명하지 않다가 계약 후에 알렸다. 어쩌면 배반감을 느꼈을 그 친구의 반응도 이해가 갔다. 하나부터 열까지 세세하게 내 형편을 알고 있는 친구에게 글쓰기만은 철저하게 숨겼다. 무슨 서프라이즈도 아니고 얼마나 배반감이 들었을까. 서먹한 친구의 반응을 이해하는 것은 그리 어려운 일은 아니었다.

여러 번 원고에 대한 수정이 오갔다. 그래도 내 마음에는 부족하다는 생각에 쉽사리 잠이 오지 않았다. 혹여라도 '누가 이리 생각하면 어쩌지, 누가 저리 생각하면 어쩌지.' 하는 생각이 떠나질 않았다. 내가 살아온 이야기라 당연히 내 주위 사람들에 대한 이야기이기도 했기에 더욱 조심스러웠다. 너무 걱정을 많이 하니 남편이 그럴거면 왜 썼냐며 어차피 쓴 것이라면 마음 편히 먹으라고 다독여줬다. 너무 불안해하던 나는 출판사 실장님에게 고민 상담까지 했다. 실장님이 "작가님이 얼마나 대단한 분인 줄 아세요? 너무 훌륭하십니다. 작가는 아무나 되는 게 아닙니다." 이렇게 위로를 해주셨다.

'그래, 나는 이제 작가야. 나 스스로 마음도 달래며 다른 사람의 마음에 위안을 주는 사람이 되는 거야. 내가 책에서 위안받고 세상을 이겨왔듯이 이제는 나도 그런 책을 쓴 사람이 되는 거야.'

드디어 내 책이 집에 배송이 되었다. 약속도 취소하고 집으로 곧장 달려와서 내 책을 대면하니 그동안의 쓸데없는 걱정들이 눈 녹듯이 사라졌다. 책표지도 마음에 들고 내가 쓴 서문인데도, 이렇게 잘 썼나 하는 생각이 들 정도로 마음에 새롭게 다가왔다. '이래서 사람들이 책을 쓰는구나.' 하는 생각이 들었다. 글쓰기와는 다르게 나의 인생이 새롭게 변모해 간다는 느낌이 와닿았다.

어린 시절 문학소녀라는 말을 들으며 자랐다. 늘 책 읽기를 좋아해서 미용실에 가면 잡지책이라도 다 읽어야 해서 언젠가는 미용실 원장이 손님처럼 오랜 시간 책에 집중하고 계신 손님은 처음 봤다는 말을 들었다. 하긴 지금 생각하니 어렸을 때부터 손에서 책을 놓아본 적이 없다. 애를 낳고 병원에서 화장실도 못 가는 형편이라 남편에게 신문을 사다 달라고 했다. 글씨를 보아야 모든 게 해결이 되는 이상한 병을 어렸을 때부터 앓고 있었다. 그래서 예전에 아는 언니가 너 활자 중독이라며 놀렸던 게 장난이 아닌가 싶기도 하다.

매일 읽기만 하던 독자에서 이제는 생산자가 되었다는 게 아직 실감이 나질 않는다. 나를 인정하고 소중하게 여긴다는 것이 익숙지 않아서 스스로 내가 칭찬하는 것에 인색함을 인정한다. 이제는 내가 작가가 되고 내 자존감이 높아짐을 느낀다. 누구든지 나를 인정해주리라는 기대감도 생긴다. 내가 떠벌리지 않았음에도 이미 많은 사람이 내가 작가라는 사실을 알게 되었다. 어제는 남편의 지인이 책 한 권 꼭 사인받아서 사다 달라 했다고 한다. 시골에서 책을 읽으실까 싶은 의문이 생겼지만, 그분 말씀이 이다음에 유명한 작가가 될지 모르니 미리 사인을 받아둬야겠다고 했다나? 그러면서 다섯 권에 사인을 해달라고 했다고 하니 남편도 작가가 된 마누라가 내심 자랑스러운 듯하다.

책이 나오고 나니 이제는 저절로 작가 할머니, 작가 어머니가 되었다. 손녀딸이 책 속에 있는 사진을 보고 왜 할머니 사진이 여기 있냐 묻길래 "할머니가 쓴 책이야." 했더니 "예에?" 하며 놀라더니 좋아라 하며 안긴다. 이제는 진짜 작가의 삶이 시작이라는 생각이 든다. 이미 여러 사람에게 작가라고 공표를 해놓았으니 이제는 꼼짝없이 책을 써야 하는 작가가 된 것이다. 아침마다 의식을 달리 하고, 자고 일어나면 『성경공부』, 『기적 수업』, 『의식 수업』 등의 책을 읽고 기적의 필사를 한다. 그것이 나의 일과의 시작이다.

걱정하던 나에게 친구가 책을 읽고 전화를 했다. 너무 따뜻하게 잘 읽었다며 술술 읽기가 너무 좋아서 단숨에 읽었다고 칭찬을 했다. 언니가 얼마나 따뜻한 사람인지 너무 잘 나타나 있었고 읽고 나서도 마음이 포근했다는 말에 힘이 생겼다. 내가 원했던 것도 '그래, 단 한사람이라도 나로 인해 세상살이에~마음이 생긴다면….' 하는 마음이었다. 그래서 내가 이 세상에 존재하는 이유가 되었으면 하는 것이었다.

어제는 우연히 인스타에 내 책을 올리려다가 며느리의 인스타를 보게 되었다. 요즘 세상에 어떤 며느리가 자신의 속내를 보이는 것을 좋아할까 하여 일부러라도 안 보고 있었는데 우연히 보게 된 것이다. 세상에나 우리 시엄니가 작가가 되셨다고 대문짝만 하게 광고하고 있었다. 자신의 롤 모델이라며 현명하신 시엄니라고 한껏 자랑질을 해놓았으니 얼굴이 뜨겁기도 하고 울컥하기도 했다. 원래 착하고 속 깊은 며느리인지라 내가 의지하고 있었지만 이런 속내까지야 떠벌리지 않으면 어찌 알았을까 싶어 마음이 더 따뜻해지는 느낌이었다.

얼마 전까지도 '나이 많은 내가 무얼 할 수 있겠어? 누가 나를 알아줄까?' 하는 마음이었다면 이제는 누가 와도 나는 나를 이야기할 수 있게 되었다. 난 이미 작가라고 나를 인정하고 나를 자신 있게 내세울 수 있는 사람이 되었다. 불과 몇 달 사이에 일어난 일이었다. 자신감 없어하던 내가 사라지고 이제는 무엇이든 할 수 있다는 자신감이 생겼다. 책을 쓰고

281

해인_중년 이후가 내 삶의 황금기가 되었다

일어난 가장 큰 변화이다. '아, 어떻게 이런 일이 일어날 수 있을까!' 하는 마음이다.

　자존감과 자신감에 대해 늘 생각을 많이 했었다. 책을 쓰고 나서 나를 인정하고 나를 소중히 여기는 자존감이 생겼다. 늘 어디서나 자존감도 떨어지고 자신감도 떨어져서 늘 주눅이 들었다면 이제는 자존감도 생기고 자신감도 생기게 되었다. 이게 가장 큰 변화라는 생각이 든다. 어디를 가나 이제는 내가 누구인지 말할 수 있는 책이 생겼기 때문이다. 아들은 표현하지 않아도 자랑스러워하며 기뻐하는 마음이 느껴진다. 딸은 엄마 최고라며 여기저기 자랑을 한다. 부모가 자식에게도 자부심을 줄 수 있다는 생각에 고맙고 기쁜 생각이 든다.

　이제는 책이 출간되었으니 나는 나름대로 더 높이 날기 위해 준비를 해본다. 내가 하고 싶고 원하던 일에 대한 열망을 해내었기에 나는 조금 더 발전하려고 한다. 내가 예순을 넘긴 나이에 글을 써서 작가가 되리라고는 내 주변 누구도 짐작하지 못했다. 내 자식부터 내 형제들도 가까운 친구들도 마찬가지였다. 내 가슴 속에 있는 꿈을 이룬다는 게 쉽지 않았기에 내색하지 않았기 때문이리라. 오늘 언니는 "네가 드디어 엄마의 소원을 이루었구나" 하면서 기뻐했다. 엄마는 전쟁통에 고생한 이야기랑 살아온 그 고난의 세월을 누군가 써주면 좋겠다고 늘 말씀하셨는데 "네가 이루었다"며 눈물을 글썽이는 언니를 보니 더욱 책 쓰기를 잘했다는 생각이 들었다.

어제는 나의 책 쓰기 코치, 김도사님께서 너무 책을 읽고 감동을 했다며 칭찬을 해주셨다. 따뜻한 아버지, 시아버님 이야기가 김도사님의 아버지를 떠올리게 해서 마음이 울컥했다는 말씀에 어떤 칭찬보다 마음이 따뜻해졌다. 그의 칭찬이 나를 진정한 작가의 길로 이끄는 원동력이 됨을 나는 너무 잘 알고 있기 때문이다. 이제야 빛이 보이고 길이 보이는 듯한 이 느낌이 나에게 주시는 알 수 없는 절대자의 인도하심처럼 느껴진다면 과장된 것일까?

내 나이 이제 예순이 넘었다. 이 나이에 책을 써서 작가가 되었다. 나는 알고 있다. 지금은 비록 어렵고 힘들어도 나는 엄청, 큰 사람이 될 것이라는 것을 알고 있다. 늦은 게 아니라 빨리 시작한 것이다. 내년이든 후년이든 해야 할 일을 더 앞당겨서 해내었다고 느꼈다. 이게 내가 책을 쓰고 바뀐 내 의식의 가장 큰 변화이다. 나는 할 수 있음을 알게 되었다. 난 좀 느린 편이다. 하지만 꾸준히 한다. 그래서 내가 원하는 일은 반드시 이루어낸다. 난 방송 출연도 하고 강연가가 될 것이다. 그래서 누구에게나 삶의 희망을 주고 살아가는 데 용기를 주는 멘토가 될 것이다. 내가 좀 더 젊었을 때 알았더라면 하는 것들을 알려주고, 지금 이 시간도 우리에게 얼마나 귀중하고 아름다운 순간인지 알려주고, 시간을 낭비하지 말라고 알려주고 싶다. 내가 책을 쓴 이유이기도 하다.

늘 꿈만 꾸며 살던 내가 이제는 꿈을 이루고 꿈을 찾는 사람에게 도움을 주는 사람이 되고 싶다. 그러기 위해서 나는 더욱 해야 할 일이 많다. 더 열심히 공부하고 의식을 연마해야 한다. 내 마음속에 있는 커다란 의식을 확장시키고 더 큰사람으로 거듭나야 한다. 많은 사람들에게 감동을 주고 세상 살아가는 데 조금이라도 도움이 되어야 한다. 그래야 내 인생의 황금기를 만들 수 있다. 아니 나는 이미 내 인생의 황금기를 만들었다. '누구에게나 인정받고 사랑받으며 저를 찾는 사람이 많아 감사합니다.' 오래전부터 써오는 내 감사 일기장의 한 구절이다. 그렇게 되어감을 느낀다. '나누며 베풀며 사는 자가 되게 해주시니 감사합니다.' 이 구절과 함께 내 감사 일기에 매일 등장한다.

나는 이제 내 인생의 황금기를 맞았다. 그래서 책을 쓰고 작가가 되었다. 운명으로 받아들인다. 그저 나이 들어 늙어가는 자가 아닌 깨어 있는 자로 사니 내 인생을 황금기로 만들 수 있게 되었다. 나는 이 황금기를 제대로 가꾸고 더욱 발전시킬 것이다. 책을 쓰고 진정한 내 인생의 황금기가 되었다.

285

해인_중년 이후가 내 삶의 황금기가 되었다

황영민

약력 : 해군 잠수함 승조원 출신, 〈해군부사관취업진로연구소〉 대표, 베스트
셀러 작가, 동기부여가, 청년 및 해군부사관에게 희망을 주는 메신저
저서 : 『김 하사는 어떻게 20살에 해군 부사관이 됐을까?』

가족의 걱정거리에서
작가 선생님이 되었다

　제대군인의 재취업 성공률은 얼마나 될까? 우리 주변에는 장교 또는 부사관으로 직업군인에 종사하는 사람들이 종종 보인다. 나는 부사관으로 해군에서 8년간 복무했다. 나를 비롯한 직업군인들 대부분은 안정적인 급여를 받으며 생활한다. 장기복무에 선발되면 55세까지 정년 보장과 연금 수령이 큰 혜택으로 다가온다. 그러나 정년까지 근속하는 직업군인들은 많지 않다. 단기복무 전역, 중기복무 전역, 이직 등의 이유로 진로를 바꾸곤 한다. 그들 중 자신이 원하는 꿈을 이루는 직업군인은 극소수에 불과하다.

나는 20대 초반에 부모님의 반대를 무릅쓰고 해군부사관으로 입대했다. 대학 입시에 두 번이나 실패한 후 도망치듯 집을 나온 것이다. 군 복무, 경제적 문제, 미래를 위한 준비를 하기에는 최선의 선택이라고 생각했다. 당시 나는 너무나도 힘든 상황이었기에 군대조차 안식처로 느껴질 만큼 진로에 있어서 엉망진창인 상황이었다. 장손에 장남인 나는 가문의 형제, 자매들 중 첫 번째 본보기로 많은 기대를 받았고 책임감이 있어야 하는 사람이었다.

나이는 서른 살이 되었고 결혼을 했으며 직업적, 경제적으로 안정적으로 자리잡아야 하는 시기였다. 이렇게 인생의 중요한 순간에 나는 안정보다 꿈을 좇아가기로 결정했다. 10대 때부터 꿈꿨던 외국으로의 진출을 실행에 옮길 것을 결심한 것이다. 군 생활을 하며 사라진 줄만 알았던 꿈은 사라진 것이 아니었다. 내 안에 똬리를 틀고 있다가 결정적인 순간에 무섭게 튀어올랐다. 나는 왜 이제야 이런 마음이 드는지 당황했다. 수백, 수천 번 나 자신에게 물어보았다. 그동안 가만히 있다가 왜 갑자기 이렇게 나타나는 것이냐고….

나는 더 이상 내 마음을 외면할 수 없었다. 혼자 고민하며 끙끙 앓다가 아내에게 털어놓았다. 아내도 처음에는 당황했지만, 나의 꿈을 인정해주고 지지해줬다. 함께 외국으로 나가기로 결정한 것이다. 주변 사람들과 양가 부모님의 걱정과 반대를 무릅쓰고 전역을 강행했다. 고등학교 졸업 직후부터 군 생활을 마칠 때까지 부모님 마음속의 걱정거리로 살아왔다.

그리고 꿈을 향해 전역을 선택한 이후 직업이 없어진 나는 양쪽 집안의 어마어마한 짐이 되었다.

전역 후 나는 유학 준비를 하면서 항상 드는 생각이 있었다. '왜 많은 군인이 이직에 실패할까?' 먼저 군 경력을 사회에서 살리기 어렵다는 점이 가장 컸다. 군에서 아무리 인정받고 특수한 직무를 수행해도 사회에서는 돈이 되지 않기 때문이다. 아무도 알아주지 않는 혼자만의 자부심과 추억 이외에는 남는 것이 별로 없다. 복무 중 돈이라도 많이 모아두었다면 그나마 다행인 것이다. 평균적으로 부사관은 학력이 낮고 이직에 대한 준비가 적은 편이다. 정년 보장에 대한 안정감이 있기 때문에 부족함 없이 지내다가 퇴직 후에 자본주의 사회를 제대로 경험하게 된다.

나는 새로운 꿈을 찾아가는 과정에서 나의 군 경력을 살려보고 싶었다. 인생에서 가장 아름다운 시기인 20대를 통째로 바쳤는데 그 가치를 찾고 싶었다. 술자리 안주거리나 추억 회상으로만 남기기 싫었다. 대학교 학업을 시작하면서 항상 고민이 됐다. 생각나는 대로 수첩에 적어보기 시작했다. 그러던 어느 날 수첩에 '군 경험을 살려 책을 써보는 것은 어떨까?'라고 낙서를 했다. 해군에서 보고 느끼고 경험했던 것들을 사람들과 나누고 싶었다. 내가 겪었던 시행착오를 공유해서 새로 입대하는 사람들에게 도움이 되고 싶다는 생각이 들었다. 그러나 곧바로 학과 과제에 집중하며 새까맣게 잊어버렸다.

어느 날 교보문고에서 책을 고르던 중 『100억 부자 생각의 비밀 필사 노트』라는 책을 발견하고 〈한책협〉의 김태광 대표 코치님을 알게 되었다.

'김도사'로 불리는 김태광 코치는 25년 동안 250권의 책을 펴내고 1,100명이 넘는 평범한 사람들을 작가로 만들었다. 평범한 사람들의 삶의 스토리를 책에 담아 세상에 선한 영향력을 주는 일에 가치를 두고 일하는 분이었다. 책을 따라 필사하다가 '성공해서 책을 쓰는 것이 아니라 책을 써야 성공한다'라는 문구를 보고 큰 충격을 받아 〈한책협〉에 가입했다. 그리고 '김도사'라는 분이 어떤 분인지 궁금해 시중에서 구할 수 있는 필독도서를 모두 구매해서 보았다.

책을 읽으면 읽을수록 내가 가난한 마인드로 살고 있다는 것을 깨달았다. 부자가 되기 위해서는 부자의 말과 행동을 하고 부자에게 제대로 배워야겠다는 생각이 들었다. 그리고 서른 살이 되도록 직장인의 마인드만 가지고 있던 나는 사업가가 되고자 하는 꿈이 생겼다. 전역한 그 순간부터 인생 2막을 멋지게 준비해야겠다고 다짐했다.

독서로 인풋(in-put)만 하는 것이 아닌 책 쓰기로 아웃풋(out-put)을 할 수 있다는 말에 나는 용기를 냈다. 나는 해군에서 내가 성장한 이야기를 책으로 담고 싶어 김태광 코치님을 찾아갔다. 책을 씀으로써 다른 사람의 인생을 바꾸고 선한 영향력을 줄 수 있다는 것을 알게 됐다. 책 쓰기를 배우면서 힘든 줄로만 알았던 내 해군 생활이 성장으로 가득한 시간이었음을 깨닫게 됐다. 감사가 아닌 순간이 없고 실패는 실패가 아니라는 것을 알게 해줬다. 해군이 내 인생을 성장시켜온 가장 좋은 학교였다는 것을 절실히 깨달았다. 김태광 코치님을 만나면서 나는 인생 2막을 제대로 준비할 멋진 기회를 얻게 되었다.

책을 쓰며 나는 완전히 다른 사람으로 변화되었다. 가장 먼저 '의식'이 180도 바뀌었다. 책 쓰기 수업을 듣는다고 책을 쓸 수 있는 것이 아니었다. 생각의 크기 즉, 변화된 의식이 뒷받침되지 못하면 책은 쓸 수 없다는 것을 깨달았다. 책을 쓰기 전부터 나는 '천재 작가'라고 쓰고 내 입으로 선포하며 의식을 바꾸기 시작했다. 처음에는 원고 한 글자도 쓰지 않았는데 작가라고 칭하니 쑥스러웠다. 그러나 나는 곧 작가가 될 사람이었다. 자신감을 가지고 "나는 작가다! 나는 베스트셀러 작가다!"라고 되뇌며 열심히 원고를 썼다.

어릴 때부터 나는 글쓰기에 대한 공포감이 있었다. 초등학교 때부터 학교에서 매일 썼던 일기에 대한 트라우마가 있었기 때문이다. 일기를 쓰지 않을 때마다 선생님에게 체벌을 받았다. 이 때문에 초등학교 6년 동안 강제로 일기를 썼고 나의 이야기를 쓰기보다 '참 잘했어요!' 도장을 받기 위한 일기를 썼다. 이때의 안 좋은 기억은 성인이 되고 난 이후에도 사라지지 않았다.

이런 두려움을 가지고 있다 보니 무의식적으로 내 안에 있는 또 다른

황영민_가족의 걱정거리에서 작가 선생님이 되었다

내가 수시로 치고 올라왔다. 그럴 때마다 나는 내 안에 있는 나를 거부했다. 최고의 코치에게 배우고 있기 때문에 무조건 믿고 따르기로 결심했다. '나는 아무것도 아는 것이 없다, 배운 대로만 쓰겠다.'는 마음가짐으로 질문도 없이 그냥 닥치고 매일 키보드를 두드렸다. 원고를 쓰면서 검토를 받을 때마다 나는 자신감이 치솟았다. "배운 대로 하면 되는구나! 이대로만 쭉 쓰면 책이 나온다!" 상상 속에서 나는 이미 베스트셀러 작가가 되었다. 나의 자존감은 날이 갈수록 높아지고 있었고 책이 출간되는 것은 시간문제일 뿐이었다.

원고를 쓰면서 많이 울었다. 10대부터 20대 시절을 돌아보며 내가 살아온 날들이 시련, 고난, 상처, 고민으로 가득한 시간임을 알게 되었다. 어떻게 지금까지 지내왔을까? 죽지 않고 살아 있는 것만으로도 장하다는 생각이 들었다. 이렇게 나는 책을 쓰며 10대부터 20대에 이르기까지 약 20년에 가까운 시간을 돌아보며 과거를 정리했다.

원고를 쓸 때까지만 해도 책만 써도 성공이라는 생각이 들었다. 그러나 의식 독서를 하고 매일 새로운 깨달음을 얻으면서 생각이 바뀌기 시작했다. 나의 땀과 눈물로 얼룩진 시간을 사람들에게 전하고 싶다는 마음이 생겼다. 고민하는 청소년과 청년들과 나누며 희망과 용기를 전하고 싶어졌다. 그러기 위해 메신저가 되고자 하는 마음이 생겼다. 작가를 넘어 강연가, 사업가, 성공자가 되고 싶었다. 해군에 입대하고자 하는 사람들뿐만 아니라 군에 복무 중인 해군들, 전역을 앞둔 해군들에게도 도움을 주고 싶다는 생각이 떠올랐다. 전역 후에도 성공적인 삶을 살아가는 롤 모델이 되고 싶다는 꿈이 생긴 것이다.

초고를 완성하고 투고한 후 30분 만에 출판사에서 연락이 왔다. 나의 원고의 가능성을 높이 평가하고 함께하고자 하는 마음을 표현한 출판사와 출판 계약을 했다. 책 쓰기를 하는 동안 주변 사람들에게는 비밀로 했다. 나에게만 집중할 수 있는 시간이 필요했기 때문이다. 주변 사람에게 에너지를 빼앗기는 환경을 차단하려고 노력했다.

출판 계약을 하고 나서 가족과 가까운 지인 몇 명에게만 소식을 전했다. 발 없는 말이 천 리 간다고 하는 것처럼 소문은 빠르게 퍼지기 시작했다. 소식이 퍼지는 즉시 나의 위치는 바뀌었다. 평범한 제대군인이었던 내가 작가 선생님으로 불리기 시작한 것이다. 나는 '성공해서 책을 쓰는 것이 아니라 책을 써야 성공한다!'라는 말이 진짜임을 실감했다. 나는 늘 있는 듯 없는 듯한 존재감을 가지고 있었다. 인사만 하던 주변 사람들에게 황 작가님이라는 말을 듣기 시작했다.

내가 근무했던 부대에도 소식이 전해져 연락이 오기 시작했다. 많은 지인의 축하를 받았다. 나는 성공자의 마음가짐으로 더욱 성공한 모습을 보여주겠노라고 다짐했다. 현역 시절 내가 찾아가서 인사하고 내가 누구인지 어필해야 했던 분에게도 연락을 받았다. 그리고 고위직에 계셨던 분에게 칭찬과 축하 연락을 받기도 했다. 해군 부대에서 길을 걷다 보면 너무나 흔하게 볼 수 있는 평범한 중사가 주목받기 시작한 것이다.

가장 큰 변화는 가족의 변화였다. 가정의 걱정거리이자 짐이었던 나는 부모님의 자랑거리가 되었다. 부모님은 친척들에게 출간 소식을 전하셨다. 그 소식을 들은 친척들은 깜짝 놀라며 축하해주었다. 친척 중 교직에 계신 분은 근무 중인 학교에도 소식을 전해주고 책 구매도 해주셨다. 뒤늦게 재능이 빛을 발했다며 응원의 말을 해주셨다. 모두가 말은 하지 않았지만 나를 걱정하고 있었다. 이제 나는 더욱 성공하는 모습으로 보답하면 된다.

부모님께 할 수 있는 최고의 효도는 자랑거리가 되는 자식이 되는 것이다. 작가가 된다는 것은 좋은 대학, 좋은 직장에 들어가는 것과는 차원이 다른 일이다. 아무리 좋은 대학을 나와도 대학 졸업 타이틀 외에는 별로 남는 것이 없다. 좋은 직장에 들어가도 마찬가지이다. 들어갈 때는 좋았지만 직장생활을 견뎌내는 것이 보통 일이 아니기 때문이다.

부모님뿐만 아니라 처가에서도 자랑거리가 되었다. '정말 대단하다. 가문의 영광이다.'라는 칭찬을 들었다. 가장 기뻤던 것은 그 칭찬을 내가 들은 것이 아니라 내 가족이 들었다는 사실이다. 사위가 대단한 사람이라는 것을 다른 사람이 인정해주었기 때문이다. 책으로 인해 나뿐만 아니라 가족의 자존감도 높아지고 날이 갈수록 자랑거리가 늘어가고 있다. 방구석에서 1만 권의 책을 읽는다고 한들 세상의 누구에게도 주목받지 못했을 것이다. 나는 방구석에서 1권의 책을 씀으로써 이제 모든 사람에게 주목받고 있다. 내가 아는 사람뿐만 아니라 나를 모르는 사람에게도 인정받고 있다.

책을 쓰며 나는 가족의 걱정거리에서 작가 선생님이 되었다. 가족의 짐이었던 나는 이제 가족의 짐을 덜어줄 수 있는 사람으로 바뀌었다. 세상에서 아무도 알아주지 않는 평범한 제대군인이었던 나는 이제 작가의 삶을 살고 있다. 책을 쓰고 나는 완전히 다른 사람이 되었다. 독자에서 저자로, 상담자에서 상담가로, 강연을 듣는 사람이 아니라 강연가로 변화되었다. 이제 나는 새로운 삶을 시작한다. 작가를 넘어 강연가, 사업가, 성공자의 길을 걸어가고 있다. 책 쓰기는 내가 거인임을 깨닫게 해주었다. 책을 쓰면 자신이 위대한 사람임을 알게 될 것이다.